Do jeitinho de Minas

Culinária regional

http://www.celiaecelma.com.br

Dados Internacionais de Catalogação na Publicação (CIP)
(Câmara Brasileira do Livro, SP, Brasil)

Mazzei, Celia
    Do jeitinho de Minas: culinária regional / Celia &
Celma. – São Paulo: Editora Senac São Paulo, 2006.

    Bibliografia.
    ISBN 85-7359-483-7

    1. Culinária brasileira – Minas Gerais I. Mazzei,
Celma. II. Título.

06-3038	CDD-641.5

Índice para catálogo sistemático:

1. Receitas : Culinária : Economia doméstica   641.5

Celia & Celma

Do jeitinho de Minas
Culinária regional

ADMINISTRAÇÃO REGIONAL DO SENAC NO ESTADO DE SÃO PAULO

Presidente do Conselho Regional: Abram Szajman
Diretor do Departamento Regional: Luiz Francisco de Assis Salgado
Superintendente Universitário e de Desenvolvimento: Luiz Carlos Dourado

EDITORA SENAC SÃO PAULO

Conselho Editorial: Luiz Francisco de Assis Salgado
Luiz Carlos Dourado
Darcio Sayad Maia
Lucila Maria Sbrana Sciotti
Marcus Vinicius Barili Alves

Editor: Marcus Vinicius Barili Alves (vinicius@sp.senac.br)

Coordenação de Prospecção Editorial: Isabel M. M. Alexandre (ialexand@sp.senac.br)
Coordenação de Produção Editorial: Antonio Roberto Bertelli (abertell@sp.senac.br)
Supervisão de Produção Editorial: Izilda de Oliveira Pereira (ipereira@sp.senac.br)

Edição de Texto: Silvana Vieira
Preparação de Texto: Anabel Ly Maduar
Revisão de Texto: Adalberto Luís de Oliveira, Edna Viana, Ivone P. B. Groenitz, Jussara R. Gomes,
Léia Fontes Guimarães, Luiza Elena Luchini
Fotos: Claudio Wakahara (fotos atuais e das esculturas de argila); Celidônio Mazzei (fotos de infância);
acervo pessoal das autoras (fotos dos shows)
Esculturas de Argila: Celia e Celma
Projeto Gráfico, Editoração Eletrônica e Capa: Antônio Carlos De Angelo
Foto da Capa: Claudio Wakahara
Impressão e Acabamento: Salesianas

Gerência Comercial: Marcus Vinicius Barili Alves (vinicius@sp.senac.br)
Supervisão de Vendas: Rubens Gonçalves Folha (rfolha@sp.senac.br)
Coordenação Administrativa: Carlos Alberto Alves (calves@sp.senac.br)

Proibida a reprodução sem autorização expressa.
Todos os direitos desta edição reservados à
Editora Senac São Paulo
Rua Rui Barbosa, 377 – 1º andar – Bela Vista – CEP 01326-010
Caixa Postal 3595 – CEP 01060-970 – São Paulo – SP
Tel. (11) 2187-4450 – Fax (11) 2187-4486
E-mail: editora@sp.senac.br
Home page: http://www.editorasenacsp.com.br

© Celia Mazzei e Celma Mazzei, 2006.

Sumário

Nota do editor, 7

Apresentação – *Ziraldo*, 9

Agradecimentos, 13

Introdução, 17

Biscoitos, rosquinhas & Cia., 21

Pães e broas, 33

A nostra Padaria Mazzoni, 42

A boca do povo na cozinha, 49

Bolinhos de tudo, 73

Sopas quentes, 81

Comidas de sal, 89

A cozinha árabe nas casas mineiras, 102

Doces de tacho, cremes e pudins, 111

Bolos do dia-a-dia, 123

Doces festivos, 135

Senador Firmino, 146

Índice de receitas, 159

Receitas cantadas, 163

Fontes de consulta, 179

Nota do editor

A culinária é um dos mais significativos registros culturais de um povo. Nos dias de hoje, no entanto, é também um conhecimento que se especializa e se multiplica intensamente. O Senac São Paulo, imbuído da intenção de oferecer o melhor de nossa tradição culinária e atento às necessidades do mercado de gastronomia, em franca expansão, lança *Do jeitinho de Minas: culinária regional*, um livro que integra a lida da cozinha a um contexto cultural ainda vigente em pequenas cidades, e do qual nos afastamos nas metrópoles.

O livro é um extenso apanhado de receitas de pratos e sobremesas típicas de Minas Gerais, partilhadas ao pé do fogão, ao longo de conversas compridas em que se trocam experiências de vida, fazendo aflorar os usos e a sabedoria de uma comunidade.

Para transmitir um pouco dessa complexa cultura, Celia e Celma, pesquisadoras do folclore brasileiro, musicaram várias receitas, criando canções para memorizar e acompanhar sua execução, tal como as cantigas de pilar e de roçar ainda utilizadas no interior do Brasil. Além disso, recorreram a técnicas de artesanato que tão bem conhecem para confeccionar peças de argila que reproduzem os costumes das gentes, as quais ilustram as páginas que se seguem.

Por tudo isso, *Do jeitinho de Minas: culinária regional* – mais um título que o Senac São Paulo oferece – constitui uma documentação rica não só para profissionais e estudantes de gastronomia, mas para todos os que desejam saborear o que Minas tem de mais autêntico e perene.

Apresentação

Estou escrevendo este pequeno texto longe do Brasil. Quer dizer, não muito. Há pouco, estava sentado numa mesa de jantar em casa de um editor colombiano, meu amigo. Terminávamos de saborear um fantástico *arriago* – um prato típico de alguns dos países andinos – e começávamos a elogiar as qualidades culinárias da senhora do editor, que havia preparado o prato, quando me lembrei: "Meu Deus, a Celia e a Celma!!!", falei alto. Ninguém entendeu. Aí, eu disse: "Vocês precisam comer os pratos que elas sabem fazer". Como é que eu vou elogiar outras mestres-cucas diante de uma artista da cozinha que olhava os convidados, esperando os cumprimentos pela obra de arte gastronômica?

Tive que explicar. Na confusão de arrumar malas, atualizar vacinas, acertar programas, eu havia me esquecido da agradável obrigação: apresentar este novo livro das minhas meninas de Ubá. Elas são inesquecíveis, meus amigos! Duas mulheres-maravilha! Lindas gêmeas, atravessando lindas a vida, foram estrelas de balé aquático – imaginem! –, professoras de um talento e uma dedicação comoventes; grandes cantoras de extrema musicalidade; amigas de uma lealdade exemplar; musas da Banda de Ipanema, no seu início glorioso; cheias da mais doce alegria de viver, destemidas, sorridentes, generosas, companheiras e, o que é mais importante de tudo, cozinheiras de mão cheia. Isso sem contar que sabem pregar botão, cerzir meias, arrumar cozinha e enfeitar a sala...

Um momento. Não fiquem achando que elas são duas marias-vão-com-as-outras. Não são, não. São donas do próprio nariz e do próprio destino, construíram juntas suas vidas com a independência da mais autêntica feminista. Por isso é que as comparo a uma heroína de história em quadrinhos.

E escrevem! Ah, sim, fazem versinhos, vocês agüentam?

Se eu nascer de novo, vou pedir as duas em casamento.

Pois aqui está mais uma prova do talento delas. Abram o livro. Se o leitor for machista, mande sua senhora, imediatamente, para a cozinha. Se a leitora for generosa e compreensiva, pegue o seu homem pela boca, como se dizia nos velhos tempos.

Vocês vão adorar saborear o que essas duas meninas sabem fazer, com extrema competência.

Ziraldo

Este livro é dedicado à nossa mãe, Gioconda Casarim Mazzei, doadora do primeiro alimento que recebemos. Diariamente, à beira do fogão, nos apresentou os melhores sabores que formaram nosso paladar e nos fez compreender que na simplicidade reside o bom gosto e a sabedoria. Hoje, aos 91 anos, ainda nos surpreende com sua força e a mesma simplicidade, qualidades que esperamos ter adquirido como herança.

Agradecimentos

Muitas das receitas que compõem este livro foram recolhidas dos cadernos da mamãe, que reúnem receitas próprias, de suas amigas, de nossas tias e também de nossas irmãs Adélia e Cléria. Outras, foram recolhidas de fontes variadas e passadas a nós pelas próprias receiteiras ou por seus parentes e amigos. Embora não tenha sido possível publicar todo o material que recolhemos, cada uma dessas contribuições foi inestimável para a realização deste livro, razão por que fazemos questão de citá-las aqui e deixar registrado nosso especial agradecimento.

DE UBÁ

Adélia Mazzei Cantarino
Alba Mendes
Alice Haikal
Alzira Rocha
Ana do Pretinho
Ana Lopes
Ana Maria S. Mello

Ana Thereza Girardi (Leza)
Angelina Seno Barreto
Anita Mazzoni Espósito
Antonina Rocha
Beatriz Rocha
Branca Horta
Carminha Rezende
Ceição

Dalva Balbi
Dalva Mello
Dinha
Dira Motta
Donana Balbi
Dôra Souza
Elcy Brandão
Eliene Rinaldi Colli

Emilce Lopes Soares
Enilce Collares T. dos Santos
Enilene Collares de Souza
Glorinha do Alaor
Guiomar da Rocha Barroso
Helena Mello
Imaculada Mazzoni
Inhá Cabido
Irma Luderer de Andrade
Irmãs Rozendo
Isa Gori
Isabel Soares Pereira
Ita Lauria
Itália
Jandira Lauria
Jair Mazzoni
Jupira Aroeira
Ligia Aroeira Ferreira
Lilina Rinaldi Mello
Lourdes Rocha Collares
Lurdes Pascoalino
Madrinha Quita
Marciana Campista
Maria Amália de Azevedo Seno
Maria Cecília
Maria do Socorro
Maria Elena
Marília Mello Soares

Martha Lúcia Trajano Girardi
Miquita
Néri Ribeiro Reis
Neuza Perillo
Nilda Cavalier
Odilinha
Olga Carneiro Silveira
Quiquina Laura
Rachel d'Ávila
Regina Reskala
Rosária Rinald
Rosária Soares
Sinhaninha
Sônia Souza
Stella Dalva Fernandes
Terezinha Laura
Tia Landinha
Tia Maria Rinaldi Casarim
Tia Eunice Leite Casarim
Tia Helena Casarim
Tia Nathalina Casarim
Vera Lauria
Violeta
Vitória Lauria
Yeda
Zezé da Turca
Ziza Jacob Ibraim

DA ZONA RURAL

Andina Casarim (Fazenda do Bongue/Miragaia)
Belinha (Fazenda dos Silveira)
Cibele Coelho (Fazenda das Palmeiras)
Didina Condé (Fazenda Esperança)
Fazenda dos Moreiras (Ubari)
Isaura Rezende (Fazenda da Barrinha)
Julieta Lopes Pacheco (Fazenda São Sebastião do Paraíso)
Maria (Fazenda da Formiga)

DE OUTRAS CIDADES
ASTOLFO DUTRA

Adelaide Ribeiro
Auxiliadora
Dona Isa
Maria Emilia
Marina de Souza
Zé Gute
Zilda Lavorato

CAJURI

Mariquita Reis

CALAMBAU
Maria do Carmo
Therezinha Fernandes

CAMPESTRE
Delira

DIVINÉSIA
Conceição Casarim
Corina Valente

DORES DO TURVO
Geralda
Helena Casarim

JUIZ DE FORA
Cléria "Dinquéia" Mazzei Leite
Laís Ottoni Atalla
Rogéria

LIGAÇÃO
Celinha Rocha

NEPOMUCENO
Julinda Garcia Martins

PIRAÚBA
Sá Maria
Vera Lúcia

SENADOR FIRMINO
Cassinha
Dona Odília
Edil Barros Casarim
Fernando Carneiro
Geraldo Magela Carneiro
Lelita
Norma Casarim

SOBRAL PINTO
Quiquita Teixeira
Zilma Lavorato

TOCANTINS
Adriana Santiago
Do Carmo Lopes
Maria da Rachel
Rosa Lopes
Valéria Santiago

VISCONDE DO RIO BRANCO
Arminda Gonzaga
Célia Gonzaga

AS QUITUTEIRAS
Alice Luderer (Ubá)
Linda Haikal (Ubá)
Maria Beatriz Ferreira (Santos Dumont)
Maria Bernardino de Carvalho "dona Xandoca" (Ubá)
Maria Nogueira (Ubá)
Rosângela – da Emater (Ubá)

OUTROS AGRADECIMENTOS
Ana Costa Ateliê
Estúdios Marbo
Maúd Ávila
Ótica Ventura
Sérgio Turcão

Introdução

Quando lançamos o livro *A cozinha caipira de Celia & Celma* (Nova Fronteira, 1994), nossa intenção era trazer à lembrança dos que viveram em meio aos sabores e aromas das cozinhas dos fogões "de" lenha – como dizemos em nossa terra – uma fatia do passado que marcou deliciosamente nossa vida na Zona da Mata de Minas Gerais e mostrar aos cozinheiros modernos uma comida simples e saborosa. Afinal, a culinária mineira é uma das principais marcas de que se orgulha nosso estado.

Até algumas décadas atrás, a rotina diária nas cidades mineiras passava forçosamente pela cozinha, um costume que aproximava as famílias, as comadres e os vizinhos: ali, na beira do fogão, uma provadinha na comida, a troca de receitas e a prosa comprida, recheada do saber da gente simples.

Os encantos da tecnologia trouxeram conforto e facilidades à cozinha moderna, gerando também uma nova mulher, que trocou as lidas domésticas pela disputa no mercado de trabalho. E, coisa impensável naqueles tempos, a mulher não é mais soberana na cozinha: ela divide o espaço pacificamente com o sexo masculino.

Mas as mudanças impostas pela vida prática não apagaram inteiramente a cultura original. Quando pensamos em escrever este livro, ainda na trilha das cozinhas de ontem, e saímos a visitar as velhas amigas da família – anônimas co-autoras de uma história em comum –, descobrimos que as antigas tradições não desapareceram de todo.

Alguns dos cantos por onde passamos permanecem praticamente intactos, e as pessoas ainda vivem sem pressa, cultivando hábitos seculares como pegar água na bica, torrar os grãos de café, fazer doces em grandes tachos no terreiro e alimentar-se de sua criação e de sua horta.

E, dentro de cozinhas superequipadas, vimos as sucessoras daquelas hábeis cozinheiras de nossa infância mantendo os elos com seu passado recente e igualando-se às suas mães no domínio da arte de cozinhar. Ali, entre uma conversa e outra, vasculhamos juntas, nos guardados valiosos, os cadernos de mães e avós, para recolher as receitas mais apreciadas e típicas de cada família. A todas, nosso especial agradecimento.

Na carona dessas andanças recolhemos também tesouros da sabedoria do povo, que são úteis e divertidos: provérbios, simpatias, adivinhas, trovas, etc. – tudo, sempre, com um pé na cozinha.

Durante o processo de elaboração deste livro fomos nos envolvendo com seu conteúdo e criamos figuras em argila para ilustrar estas páginas, recordando nossa infância, quando brincávamos "de casinha", fazendo panelinhas de barro colhido da beira do rio que passava no fundo do nosso quintal.

E, como cantoras, oferecemos a você um presente que é uma novidade: um CD com várias receitas, versejadas e interpretadas por nós, em ritmos bem brasileiros. É um jeito gostoso de seguir o passo-a-passo da receita, cantando!

Duas beijocas com o sabor das melhores quitandas.

De lá pra cá

Um dos festejos característicos, por volta de 1850, eram as festas religiosas de São João, Santo Antônio e São Pedro. Principalmente a de S. João. Armavam-se grandes fogueiras – muito carvão no forno de barro e lenha no fogão representavam preparativos para os convites aos amigos e vizinhos. As crianças soltavam bombinhas, buscapés e girândolas. Soltavam balões coloridos, apesar da consentida preocupação dos mais velhos. O bastão de São João era erguido com sua bandeira e seu santo.

Preparavam-se doces cristalizados ao sol, resfriavam-se ao luar, esquentava-se a canjica de melado e, reservadamente, servia-se a boa cachaça da cabeça. Os escravos, às escondidas, tomavam a sua jacuba com a caninha. Comiam-se batata assada, milho cozido, carne de porco e várias espécies de frituras de porco e de boi.

A alimentação era toda de produtos primários produzidos pelos próprios fazendeiros, sendo o sal o único condimento importado. Carne de caças, principalmente de paca e de veado, jacu, jaó e inhambu, além do lombo de porco, eram conservados na banha, que substituía a geladeira. Tomava-se leite cru nos currais, bebia-se muito café, que não podia ser fervicado. Tinha muita tradição o café dos mineiros, principalmente porque se coava na hora, para cada visita.

A mandioca era espremida em tipitis, e o monjolo pelava o milho e o café.

(Trechos extraídos do capítulo "Hábitos e costumes", do livro *A fundação de São Januário de Ubá*, de autoria do historiador ubaense Palmyos Paixão Carneiro.)

...scoitos de Queijo

...-se e amassa-se bem um pires de
...ralado, tres de polvilho, um de ...
...quatro ovos, leite e sal ...
...s biscoitos que devem ser ass...
...regular.

× × × × × × ×

...itos de Araruta

...ras de manteiga, 250 ...
...is gemas e tres claros b...
...tura-se a manteiga e...
...o ovos e a araruta e se...
...ar em ponto de enrola...
Tabuleiros. Forno reg...

× × × × ×

Ambolê

...mo para pão de ló, 2 ...
...ucar, 2 de farinha de ...
...de ir ao forno, po...
...sopa d'agua.

× × × × ×

Biscoitos, rosquinhas & Cia.

Pertencemos à primeira geração de mulheres mineiras que optou por trabalhar fora. Nossas antecessoras se ocupavam apenas com os afazeres domésticos e a educação dos filhos e para tanto passavam todo o seu dia em casa. Prendadas, conheciam inúmeras artes domésticas. O bordado, com seus múltiplos pontos, exigia delas grande habilidade e paciência. Ricamente trabalhados, as toalhas de mesa e os guardanapos consumiam meses do tempo da bordadeira. Em todas as festas da casa, cobria-se a mesa da sala de jantar com uma dessas finas toalhas.

Também cabia às mulheres confeccionar as roupas dos familiares, aproveitando os retalhos que sobravam para cortá-los em tiras, costurando-os um a um, formando inúmeros quadradinhos coloridos que, emendados, se transformavam em uma bela colcha de retalhos. Hoje, essas colchas, feitas por artesãs profissionais, são comercializadas mundialmente.

O crochê, o tricô e o *frivolité*, artes de tecer em fios, eram ensinados às meninas. As receitas dos pontos se espalhavam, do mesmo modo que as culinárias, fazendo com que cada casa se orgulhasse de suas artistas – boas nas agulhas ou na cozinha.

Uma variante da culinária, que permitia exercer bastante a criatividade, era o capítulo dos biscoitos e rosquinhas – as quitandas –, para o lanche da tarde. As crianças já participavam, inventando bonequinhos com restos da massa, que se levavam para assar no mesmo tabuleiro em que iam os biscoitos da mãe.

Argolinhas de anjo

1 vidro de leite de coco
500 g de maisena
1 colher (sobremesa) de manteiga
3 gemas
2 xícaras (chá) de açúcar

Misturar todos os ingredientes e amassar com as mãos. Cortar a massa em tirinhas e fazer argolinhas. Assar em tabuleiro untado, em forno médio.

Assadinhos de arroz

200 g de farinha ou creme de arroz
½ xícara (chá) de leite quente
½ xícara (chá) de manteiga ou margarina
½ xícara (chá) de açúcar
2 ovos
1 colher (chá) de raspas de limão

Misturar numa tigela a farinha ou creme de arroz com o leite quente. Juntar a manteiga, o açúcar, os ovos e as raspas de casca de limão.

Bater bem. Despejar em forminhas untadas e levar ao forno quente preaquecido. Deixar assar até corar. Retirar do forno e desenformar.

Biscoitinho segredo

1 ovo
1 xícara (chá) de açúcar
1 xícara (chá) de leite
1 pitada de sal
1 colher (chá) de sal amoníaco
5 gotas de baunilha
açúcar de confeiteiro

Misturar os ingredientes, exceto o açúcar de confeiteiro, fazer os biscoitos e assar. Quando estiverem ainda mornos, passar em calda de açúcar e depois no açúcar de confeiteiro.

Biscoito chinês

500 g de farinha de arroz
500 g de açúcar
500 g de araruta
250 g de manteiga
6 ovos batidos

Misturar todos os ingredientes, amassar bem e estender com um rolo. Cortar com uma forminha de alumínio, deixando 0,5 cm entre os cortes. Assar em tabuleiro untado em forno regular.

Biscoito de cerveja

1 kg de farinha de trigo
½ kg de margarina
½ garrafa de cerveja (sem gelo)
1 pitada de sal
1 colher (chá) de bicarbonato

Misturar bem os ingredientes e fazer os biscoitinhos. Assar em forno quente. Depois de assados, passar no açúcar refinado, ainda quentes.

Biscoito de coco e nata

1 copo pequeno de coco ralado
2 xícaras (chá) de nata
4 xícaras (chá) de farinha de trigo
5 colheres (sopa) de açúcar
1 pitada de sal

Misturar todos os ingredientes, sem bater, até a massa ficar uniforme e no ponto de estender. Cortar os biscoitos em quadradinhos e amassar com um garfo. Assar em forno brando.

Biscoito de farinha de arroz

½ kg de arroz cozido passado na peneira
2 colheres (sopa) de banha de porco derretida num pouco de leite
8 gemas
150 g de açúcar
4 claras batidas
erva-doce a gosto
um pouco de leite, se necessário

Amassar o arroz com a banha de porco. Juntar as gemas e o açúcar e continuar amassando. Acrescentar as claras e, por último, temperar com erva-doce. Se a massa ficar dura demais, adicionar um pouco de leite. Enrolar os biscoitos e assar em tabuleiros em forno quente.

Biscoito de leite de coco e araruta

1 kg de araruta
400 g de açúcar
500 g de manteiga
2 gemas
1 clara de ovo
1 vidro de leite de coco
um pouco de sal

Misturar todos os ingredientes aos poucos, até que a massa fique no ponto de enrolar. Passar de vez em quando um pouco de farinha de trigo nas mãos. Assar em forno bem quente.

Biscoito de nata da tia Ceição

1 copo de nata
2 colheres (sopa) de açúcar
3 xícaras (chá) de farinha de trigo
1 colher (sopa) de manteiga
1 colher (sopa) de fermento químico
açúcar cristal

Misturar os ingredientes, exceto o açúcar cristal, e amassar bem. Em superfície untada, fazer rolinhos com a massa, cortar e moldar os biscoitos. Passar no açúcar cristal e assar.

Biscoito de queijo

1 caixa pequena de maisena
200 g de farinha de trigo
200 g de queijo mineiro curado, ralado
200 g de açúcar refinado
2 ovos inteiros
2 colheres (sopa) de margarina
1 colher (sopa) rasa de fermento químico

Misturar bem todos os ingredientes, enrolar em tirinhas na espessura do dedo mínimo, cortar os biscoitos (3 cm de comprimento) e levar para assar em forno médio.

Biscoito gato preto

3 ovos
3 pires (chá) de farinha de trigo
1 pires (chá) de açúcar
1 colher (sopa) de margarina
1 colher (café) de fermento químico

Misturar os ingredientes e amassar bem. Enrolar a massa em biscoitinhos e fritar em gordura quente.

Biscoito Graça

1 kg de maisena
1 lata de leite condensado
100 g de manteiga
4 ovos
1 colher (sopa) rasa de fermento químico
2 xícaras (chá) de açúcar

Misturar os ingredientes e amassar bem. Fazer rosquinhas ou bolinhas e assar em forno brando.

Biscoito três farinhas

6 ovos
½ kg de açúcar
½ kg de margarina
½ kg de araruta
½ kg de maisena
1 vidro de leite de coco
1 colher (sopa) rasa de fermento químico
farinha de trigo

Misturar os ingredientes na ordem, adicionando farinha de trigo (mais ou menos 1 kg) até o ponto de enrolar. Fazer cordões com a massa, cortar no tamanho desejado e achatar com um garfo. Assar em forno moderado. (O biscoito deve ficar claro.)

Caipirinha

150 g de açúcar
150 g de manteiga
3 gemas
1 colher (sopa) de fermento químico
400 g de farinha de trigo
3 claras
½ kg de amendoim torrado, descascado e pilado

Bater o açúcar com a manteiga e as gemas. Adicionar o fermento e a farinha peneirados e misturar bem. Enrolar em bolinhas e, a seguir, passar nas claras (sem bater) e depois no amendoim. Assar em tabuleiro untado.

Rosquinha de sal amoníaco

1 copo de leite
1 colher (sopa) de sal amoníaco
1 colher (sopa) de banha
1 colher (sopa) de margarina
3 colheres (sopa) de açúcar
2 ovos
1 pitada de sal
farinha de trigo

Despejar o leite no sal amoníaco e acrescentar os demais ingredientes (exceto a farinha de trigo). Adicionar farinha de trigo até o ponto de enrolar as rosquinhas e levar para assar.

Saudades

250 g de polvilho doce
125 g de açúcar
3 ovos
3 colheres (sopa) de manteiga
raspas de casca de limão ou baunilha

Misturar todos os ingredientes e sovar até obter uma massa branca e fina. Fazer as rosquinhas e assar.

Sonho de bananas

2 bananas nanicas médias
3 colheres (sopa) de açúcar refinado
2 ovos
2 xícaras (chá) de farinha de trigo
½ colher (sopa) de fermento químico
1 pitada de sal
1 prato fundo de canela e açúcar

Amassar bem as bananas e reservar. Em uma tigela, misturar o açúcar e os ovos, e sobre essa mistura alternar a farinha e as bananas amassadas, misturando bem. Por fim, colocar o fermento e o sal.

Esquentar óleo em uma panela de tamanho médio. Fritar, às colheradas, uns quatro bolinhos de cada vez, virando-os. O óleo não pode estar muito quente.

Escorrer em papel absorvente e passar na mistura de açúcar com canela. Servir quente.

Trancinha de menina

250 g de manteiga
½ kg de açúcar cristal
½ kg de araruta
6 ovos
½ kg de farinha de trigo peneirada

Misturar a manteiga com o açúcar cristal. Acrescentar a araruta, os ovos e amassar com a farinha de trigo até o ponto de enrolar. Moldar a massa no formato de trancinhas. Assar em forno médio, em fôrma untada e polvilhada, até corar um pouco.

Biscoitos das tres Farinhas

de farinha de trigo — 1/2 kilo de assucar — ... de farinha ... rarula — 1/2 de maizena — 1/2 de manteiga — ... baunilha esccada e misturado no assucar, ... os até a consistencia de abrir para ser ... com forminhas.

Pão de minuto com Queijo

...es de farinha de trigo — 1 colher de mantei-... colher de assucar — 1 colher rasa, das de ... fermento — 2 ovos — leite — sal — 2 colheres ... picado. Misture a manteiga e o assucar. ...ovos. Junte os ingredientes seccos e o leite al-...amente. Mexa até formar uma massa molle. ...queijo. Forminhas untadas. Forno regular. ... tambem ser frito ás colheradas, em banha

Tareco

...es de manteiga — 2 colheres de assucar — ...ra de farinha de trigo — 1 colherinha de ...lo — pitada de sal — 2 gemmas cozidas e ...adas — summo de 1 limão.

Pães e broas

Trazemos em nossa lembrança o aroma delicioso dos pães feitos em casa para o lanche da tarde. Assados no fogão "de" lenha, de longe exalavam aquele cheirinho irresistível que seduzia toda a família, antes mesmo de sentirmos o prazer de saboreá-los.

Comia-se o pão com queijo, manteiga de nata ou, de acordo com os costumes italianos, com azeite. Para acompanhar, um cafezinho feito na hora e adoçado com rapadura.

O hábito de fazer pão em casa foi desaparecendo com o tempo, principalmente pela comodidade que oferecem hoje as padarias: diariamente, saem de seus fornos pães de todos os tipos, com coberturas e recheios, de sabores variados, cada vez mais atraentes, enchendo os olhos e satisfazendo os mais exigentes paladares.

Há pouco tempo, numa visita ao crítico gastronômico Dias Lopes, ele nos ofereceu um belo pão, feito em uma máquina doméstica elétrica. É só colocar os ingredientes e a máquina faz todo o resto. Surpreendentemente (para nós), o resultado é um pão de excelente sabor!

Se você tem um forno a gás, elétrico ou – melhor ainda – a lenha, aproveite as receitas caseiras deste capítulo que vêm atravessando os tempos.

Broa de fubá com queijo

4 ovos
2 xícaras (chá) de açúcar
2 colheres (sopa) de manteiga
1 ½ xícara (chá) de água
3 xícaras (chá) de leite
1 ½ xícara (chá) de fubá
3 colheres (sopa) de farinha de trigo
1 xícara (chá) de queijo ralado
1 colher (sopa) rasa de fermento químico

Bater os ingredientes no liquidificador, exceto o fermento. Untar o tabuleiro e preaquecer o forno. Acrescentar à massa o fermento e levar para assar.

Broa de milho com coco

1 lata de milho verde
1 copo de leite
3 ovos
½ copo de óleo
½ copo de fubá
½ copo de açúcar
1 colher (sobremesa) rasa de fermento químico
50 g de coco ralado

Bater os ingredientes no liquidificador, exceto o coco, que só se mistura no final. Assar em fôrma de pudim, untada com bastante óleo.

Broa e bolo crocante

2 xícaras (chá) de fubá
2 xícaras (chá) de leite
¾ xícara (chá) de óleo
1 pitada de sal
2 xícaras (chá) de açúcar
4 gemas
4 claras
1 colher (sopa) de fermento químico
erva-doce a gosto
1 xícara (chá) de amendoim torrado

Levar ao fogo o fubá, o leite, o óleo e o sal. Cozinhar até a massa se soltar da panela, mexendo sempre para não encaroçar. Deixar esfriar. Juntar aos poucos (segredo do bolo) o açúcar, mexendo bem. Acrescentar as gemas, o fermento, a erva-doce, o amendoim. Bater bem. Adicionar as claras e mexer delicadamente. Despejar numa forma de pudim, untada e polvilhada. Assar em forno quente.

Broa Vitória

7 colheres (sopa) de fubá
5 colheres (sopa) de trigo
3 colheres (sopa) de açúcar
1 colher (sopa) de manteiga
1 colher (sopa) de óleo
2 ovos inteiros
1 xícara (chá) de leite ou coalhada
1 colher (sopa) rasa de fermento químico
canela a gosto

Misturar bem todos os ingredientes e levar para assar em tabuleiro untado com óleo.

Broinha de fubá de canjica

1 copo (de requeijão) de leite, quase cheio
óleo de milho
2 ovos
1 ½ colher (sopa) de açúcar
1 colher (café) rasa de sal
6 colheres (sopa) de fubá de canjica
fubá para untar

Completar o copo de leite com óleo de milho (cerca de 2 cm). Bater no liquidificador com os ovos, o açúcar, o sal e 2 colheres (sopa) de fubá. Despejar o conteúdo em um recipiente e acrescentar o fubá restante. Misturar bem com colher de pau. Untar com óleo uma xícara de café rasa e larga e polvilhar com uma leve camada de fubá. Colocar na xícara 1 colher de sopa da massa e movimentar de um lado para outro para moldar cada broinha. Distribuir as broinhas na assadeira. Assar até ficarem bem coradas.

Broinha de doze em doze

12 colheres (sopa) de fubá
12 colheres (sopa) de farinha de trigo
12 colheres (sopa) de açúcar
12 ovos
canela a gosto
erva-doce a gosto

Misturar bem o fubá, a farinha e o açúcar e, por último, acrescentar os ovos, a canela e a erva-doce. Amassar com as mãos e distribuir em forminhas untadas. Assar em forno brando.

Pão de lingüiça

1 copo de leite morno
1 copo de água morna
50 g de fermento biológico
farinha de trigo
1 ovo inteiro
1 xícara (café) de azeite ou 1 colher (sopa) de manteiga
1 colher (chá) de açúcar
1 colher (café) de sal
lingüiça frita em pedaços
1 gema

Misturar o leite, a água, o fermento e acicionar um pouco de farinha (até formar um mingau). Deixar descansar por ½ hora. Em seguida, acrescentar o ovo, o azeite ou a manteiga, o açúcar e o sal. Misturar bem e adicionar farinha até a massa desgrudar das mãos. Deixar descansar por 1 hora.

Enrolar os pãezinhos e rechear cada um com um pedacinho de lingüiça. Deixar descansar até dobrar de tamanho. Pincelar com a gema e levar ao forno médio até dourar.

Pão de queijo

1 copo de óleo
1 copo de leite fervente
1 kg de polvilho azedo
300 g de queijo canastra ou meia-cura ralado
4 ovos
1 colher (sobremesa) rasa de sal

Adicionar o óleo ao leite e despejar sobre o polvilho para escaldar. Misturar bem com colher de pau. Quando a mistura estiver morna, esfarinhar com as mãos. Adicionar o queijo ralado. Juntar os ovos e o sal, misturar tudo e amolecer a massa com mais leite, se necessário. Com as mãos levemente untadas com óleo, fazer as bolinhas e colocar no tabuleiro. Assar em forno bem quente até dourar.

Pão de segundo

½ kg de farinha de trigo
1 copo de coalhada
2 ovos
2 colheres (sopa) de açúcar
1 colher (sopa) de manteiga
1 colher (chá) de bicarbonato

Misturar todos os ingredientes e amassar bem. Enrolar os pãezinhos e assar em forno quente.

Pãozinho de batata com queijo

3 tabletes de fermento biológico
1 xícara (chá) de açúcar
½ copo de água morna
1 copo de leite morno
1 colher (sopa) de sal
4 batatas médias cozidas e espremidas
1 colher (sopa) de manteiga
2 colheres (sopa) de banha ou óleo
3 ovos batidos
4 colheres (sopa) de queijo parmesão ralado
farinha de trigo
1 gema

Desmanchar o fermento com o açúcar, a água e o leite. Adicionar o sal, a batata (morna), a manteiga, a banha ou o óleo, os ovos e o queijo. Misturar tudo e juntar a farinha aos poucos, até a massa desprender das mãos. Sovar, cobrir com um guardanapo e deixar descansar por 1 hora. Amassar novamente e enrolar porções da massa em pãezinhos do tamanho de um ovo. Colocar os pãezinhos em tabuleiro untado e polvilhado com farinha de trigo. Cobrir com guardanapo e deixar descansar até dobrar de tamanho. Pincelar com a gema desfeita em um pouco de manteiga e levar para assar em forno médio, até ficarem completamente dourados.

Pãozinho de mandioca

50 g de fermento biológico em pó
1 copo de leite morno
1 colher (sopa) de manteiga
1 kg de mandioca cozida e espremida
1 xícara (chá) de açúcar
2 ovos
1 pitada de sal
1 xícara (chá) de óleo ou banha
1 kg de farinha de trigo
1 gema
açúcar cristal

Dissolver o fermento no leite. Acrescentar a manteiga, a mandioca, o açúcar, os ovos, o sal e o óleo ou a banha. Misturar tudo e amassar bem. Adicionar a farinha até desgrudar das mãos. Enrolar os pães, pincelar com a gema e polvilhar com açúcar cristal. Deixar descansar até dobrar de tamanho e levar para assar.

Pãozinho de Santo Antônio

4 ovos
2 colheres (sopa) de óleo ou manteiga
2 colheres (sopa) de açúcar
1 colher (sobremesa) rasa de sal
1 xícara (chá) de leite morno
½ xícara (chá) de água morna
1 tablete de fermento biológico
1 kg de farinha de trigo
salsichas cozidas (do tipo Viena) para rechear

Misturar bem os ovos, o óleo ou a manteiga, o açúcar, o sal, o leite, a água e o fermento. Adicionar a farinha de trigo até obter uma massa homogênea, que não grude nas mãos. Deixar crescer por aproximadamente 1 hora. Formar bolinhos e rechear cada um com um pedaço de salsicha. Deixar descansar. Mergulhar uma bolinha de massa num copo d'água e, quando ela subir, pincelar os pãezinhos com a gema e uma pitada de sal. Assar em tabuleiro untado.

Pãozinho para sanduíche

1 kg de farinha de trigo
1 ½ copo de leite
2 colheres (sopa) de açúcar
1 colher (sopa) rasa de sal
5 ovos mal batidos
1 colher (sopa) de manteiga
3 colheres (sopa) de banha derretida
50 g de fermento biológico em pó

Misturar tudo e amassar bem, até que a massa possa ser cortada com uma faca. Deixar descansar por 1 hora. Enrolar os pãezinhos e assar em tabuleiro polvilhado com farinha de trigo. Atenção: eles assam rapidamente.

A nostra Padaria Mazzoni

Por volta de 1850 chegaram os primeiros italianos à nossa cidade. A segunda fase da imigração teve início em 1888. Ao contrário da primeira, esta era toda de camponeses vindos do norte da Itália. Nessa leva vieram a família Mazzei, da Toscana, e a Casarim, do Vêneto, que aqui casaram seus filhos, que nos geraram.

Esses italianos foram os introdutores da policultura – antes só se cultivava o café em nossa terra – e responsáveis pelo incremento da plantação do fumo, que promoveu, em 1946, um crescimento de 40 milhões de cruzeiros nos cofres da cidade.

Foi tão expressiva a imigração italiana nessa região que mereceu um livro do historiador Tarquinio B. Grandis, *Vida e ação da colônia italiana no município de Ubá*, de onde recolhemos os dados acima.

A culinária italiana conseguiu abrir espaço na mesa dos mineiros, e, desde então, uma boa macarronada é prato constante aos domingos, e a famosa caçarola aparece em todos os cadernos de receitas.

Atraído pelo progresso dos patrícios, vem para Ubá em 1933 o *signore* Antonio Mazzoni. Daquela data até 1976 – ano em que fechou suas portas – todos, da cidade e da zona rural, italianos ou não, fizeram da

◀ Nós duas como damas de honra no casamento de Anita, filha do sr. Mazzoni.

▲ Sr. Mazzoni.

Padaria Mazzoni um ponto para uma "passadinha" diária. Veja por que:

> Segunda-feira, dia de crepsola, um doce retangular, metade de leite, metade de chocolate, de casca mais durinha que o resto do doce, ô coisa boa!
>
> Terça, Suspiro – com letra maiúscula! Graúdo, moreninho, "puxento" por dentro...
>
> Quarta, canudinhos de doce de leite. A casca torradinha, o doce de dentro derretendo na boca...
>
> Quinta, brevidade. A massa, fofinha, não "entalava"; impossível comer uma só.
>
> Sexta, rocambole passado no açúcar fino, cortado em fatias, com recheio de doce de leite molinho.

E o pudim de pão? O biscoito de polvilho, os sequilhos, a caçarola, a queijadinha? Aquelas tentações todas expostas na padaria em vitrines enormes, de madeira, protegidas por grossos vidros, numa das quais um cartaz anunciava: "Passou, olhou, parou, provou, nunca mais deixou".

Tinha ainda o pão italiano do "sô" Mazzoni, diariamente obrigatório na mesa de todo cidadão ubaense, como é o pãozinho francês nos dias de hoje. Nós duas só conseguimos encontrar pão semelhante nas centenárias padarias do bairro do Bixiga, quando nos mudamos para São Paulo.

Mantendo a tradição de *una vera famiglia italiana*, trabalhavam com o "sô" Mazzoni os filhos, Anita e Jair. Atendendo a nosso pedido, Jair e sua filha Imaculada nos cederam algumas receitas. Se quer saber por que tinha fila na Padaria Mazzoni, tente fazer alguma delas.

Biscoito de polvilho

1 kg de polvilho azedo peneirado
1 copo de leite
1 copo de água
1 colher (sopa) rasa de sal
150 ml de óleo
5 colheres (sopa) de açúcar
2 colheres (sopa) de coalhada
1 ovo

Dissolver o polvilho em um copo de leite. Levar ao fogo uma panela com a água, o sal, o óleo e 2 colheres de açúcar. Quando ferver, despejar no polvilho, mexer e deixar esfriar. Amassar acrescentando a coalhada, o restante do açúcar, o ovo e um pouco de leite até ficar no ponto de espremer. Passar pelo espremedor e fazer bolinhos, unir as pontas formando argolinhas.

Assar em fôrma untada.

Brevidade

1 kg de polvilho doce (araruta)
800 g de açúcar
1 dúzia de ovos batidos
1 colher (sopa) de fermento químico

Juntar o polvilho, o açúcar e os ovos. Bater até obter uma massa mole e uniforme. Acrescentar o fermento. Despejar em forminhas untadas e assar em forno médio por mais ou menos 20 minutos.

Casadinha

1 dúzia de ovos caipiras batidos
½ kg de açúcar
600 g de farinha de trigo
1 colher (sopa) de fermento químico

Juntar os ovos ao açúcar e bater. Adicionar a farinha e o fermento e misturar bem. Com uma colher, distribuir bolinhas de massa no tabuleiro. Polvilhar com açúcar refinado e assar no forno bem quente por mais ou menos 10 minutos. Juntar duas partes e rechear com doce de leite cremoso.

Crepsola

2 litros de leite
1 kg de açúcar cristal
1 colher (sopa) de chocolate em pó

Levar ao fogo uma panela com 1 litro de leite e metade do açúcar, mexendo sempre até engrossar (ponto de corte). Em outra panela, misturar o chocolate ao leite e ao açúcar restantes e cozinhar também até o ponto de corte. Retirar os doces do fogo e espalhar sobre uma superfície fria para esfriar. Depois de frios, cortar em retângulos iguais e colocar um sobre o outro: 1 de leite e 1 de chocolate.

Mata-fome

10 pães dormidos
½ litro de água
½ litro de leite
8 a 10 colheres (sopa) de açúcar
erva-doce

Amassar o pão na água com o leite. Misturar o açúcar e colocar um pouco de erva-doce. A massa fica parecida com a de bolo. Untar o tabuleiro com manteiga e assar em forno quente.

Queijadinha

½ kg de coco ralado
1 colher (sobremesa) de manteiga
250 g de açúcar
3 ovos inteiros
3 gemas

Juntar o coco, a manteiga, o açúcar e os ovos e misturar bem. Despejar em forminhas de papel dentro de forminhas de alumínio. Assar em forno médio até as queijadinhas ficarem moreninhas.

Suspiro

1 ½ kg de açúcar
10 claras em ponto de neve bem consistente
raspas de casca de limão

Misturar o açúcar às claras em neve e bater até obter um ponto cremoso. Juntar as raspas de limão. Assar em tabuleiro forrado com papel de pão, em forno médio, por aproximadamente 12 minutos.

A boca do povo na cozinha

Crianças de todos os cantos do país, de várias gerações, cresceram ouvindo e aprendendo cantigas, brincadeiras, trovas, ditados, sem nem sequer imaginar de quem eram e de onde vieram.

Um tanto dessa tradição oral nos foi transmitida pelos europeus e pelos escravos africanos e aqui germinou, cresceu e se espalhou. Outro tanto adveio da boca do povo, do encontro dessas culturas. Muitas riquezas da sabedoria popular buscaram sua inspiração na cozinha, e sua origem se perde no tempo, como acontece com todo legado oral.

Nem nos damos conta do quanto são empregadas na linguagem do dia-a-dia, tais como as imagens comparativas: todo mundo sabe o que significa chamar alguém de "pão-duro" ou de "manteiga-derretida", e o que quer dizer "cozinhar o fulano em banho-maria".

Simpatias, crendices e superstições também fazem parte do imenso universo folclórico. Se você acredita nelas ou não, isso não importa, mas, com fé, quem vira de costas para o fogão e joga um punhado de sal na lenha acesa poderá se livrar de uma indesejável verruga.

Assim é o saber do povo, que, além de ser uma fonte inesgotável de aprendizado, recreia a imaginação.

Ditados dados de bandeja

*
A esperança é o pão dos desgraçados.

*
Amigo remendado, café requentado.

*
A fome é a melhor cozinheira.

*
Cachorro mordido de cobra tem medo de lingüiça.

*
Cautela e caldo de galinha nunca fazem mal a doente.

*
Comida feita, companhia desfeita.

*
Comida no papinho, perna no caminho.

*
De pequenino é que se torce o pepino.

*
É melhor um ovo hoje do que uma galinha amanhã.

*
É pelo estômago que se governam os homens.

❋ Em casa onde não há pão, todos brigam e ninguém tem razão.

❋ Galinha velha é que faz bom caldo.

❋ No frigir dos ovos é que se conhece a manteiga.

❋ Não se deve contar com o ovo no rabo da galinha.

❋ Não há banquete, por mais rico, em que alguém não jante mal.

❋ O galo onde canta, aí janta.

❋ O dinheiro compra pão, mas não compra gratidão.

❋ Os prazeres são como os alimentos: os mais simples são os que menos enfastiam.

❋ Papagaio come milho, periquito leva a fama.

❋ Quem comeu a carne, que roa o osso.

❋ Quem come tudo num dia no outro assovia.

❋ Quem tem horta não pede couve.

❋ Quem dá de mamar a filho barbado é gato.

❋ Quem come sem conta morre sem honra.

❋ Quem dá papa a criança sempre lambe o dedo.

❋ Se és velho comilão, encomenda teu caixão.

Trovas com sabor

*
O que é doce é melado
Açúcar e **rapadura**
Namoro de pouco tempo
Tem também muita doçura

*
Essas mocinhas de agora
Já não sabem namorar
Botam **panela** no **fogo**
Mas não sabem **temperar**

*
Menina minha menina
Meu **docinho de banana**
Um beijo na sua boca
Me sustenta uma semana

*
Atirei um **limão** verde
No telhado de São Bento
Todo frade que tem moça
Saia fora do convento

*
Muita coisa que é pra hoje
Pode ficar pra depois
Cozinhando em fogo brando
É que se faz bom **arroz**

*

Eu plantei um pé de couve
E nasceu um pé de quiabo
As moças são para os moços
E as velhas para o diabo

*

Ciúme é como tempero
Que faz gostosa a comida
Tempero demais no prato
Ó que coisa aborrecida!

*

O primeiro beijo dado
Sentimos a alma confusa
Quem nunca comeu melado
Quando come se lambuza

*

A casinha da vovó
É coberta de cipó
O café está demorando
Com certeza não tem pó.

*

Santo Antônio me case já
Enquanto sou moça e viva
O milho colhido tarde
Não dá palha nem espiga

*

Tu-tu-ru-tu-tu
Lá detrás do Murundu
Teu pai e tua mãe
Que te comam com angu

*

Não posso comer na mesa
Sem pimenta e sem limão
Não posso esquecer o nome
De quem trago na afeição

*

Queijeiro que vai passando
Dá três queijos para mim
Seu balaio está pesado
Vai ficar mais leve assim

*

O leite que vem da roça
Da vaquinha malhada
Vem batendo na carroça
Acaba virando coalhada

Adivinhas que são "canja"

O que é o que é?

*
No cimo de um oiteiro avistei o mar
As cabras no brejo dizendo mé
Os músicos do coro cantando – lá
Um homem com um pau na mão dizendo
– dá

RESPOSTA: MARMELADA

*
É verde, não é capim,
É branco, não é papel,
É vermelho, não é sangue,
É preto, não é carvão.

RESPOSTA: MELANCIA

*
Uma caixinha de bom parecer
Que nenhum carapina a pode fazer.

RESPOSTA: OVO

*
Nós somos dois irmãos muito parecidos,
Ambos de uma mãe nascidos,
Meu irmão por ser cristão e muito novo
Deitaram-no na capela
E eu por ser mais velho
Fui para a panela.

RESPOSTA: VINHO E VINAGRE

*
Quanto mais cozinha, mais duro fica.

RESPOSTA: OVO

❋
Na água nasci,
Na água me criei,
Se para a água voltar,
Na água morrerei.
RESPOSTA: SAL

❋
Tem cabeça, barba e dente,
Não é animal nem gente.
RESPOSTA: ALHO

❋
Tem rabo de porco, pé de porco,
orelha de porco e não é porco.
RESPOSTA: FEIJOADA

❋
Dois irmãos irmanados,
Um se come cru, o outro assado.
RESPOSTA: CAJU E CASTANHA

❋
Branco por dentro,
Vermelho por fora,
Uma casinha trancada,
Onde a água mora.
RESPOSTA: COCO

❋
Verde como folha,
Encarnado como sangue,
Doce como mel,
E amargo como fel.
RESPOSTA: CAFÉ

❋
A mãe é mansa,
A filha é brava,
A mãe é verde,
A filha é encarnada.
RESPOSTA: PIMENTA

❋
Chapéu sobre chapéu,
Chapéu fino de bom pano,
Não adivinharás este ano,
Senão quando eu te disser.
RESPOSTA: CEBOLA

❋
Uma mocinha na janela,
Vestidinha de amarelo,
Quem passa pergunta
Se ela é cor de canela.
RESPOSTA: BANANA

❋
Tem pé mas não caminha,
Tem olho mas não vê,
Tem cabelo mas não penteia.
RESPOSTA: MILHO

Responda depressa

* O que o **frango** disse para a **faca?**
RESPOSTA: VOCÊ PODE ME CORTAR, MAS NÃO VAI COMER NEM UM PEDACINHO.

* O que a **banana** disse para a **maçã?**
RESPOSTA: TIRARAM MINHA ROUPA E VOCÊ É QUE FICA VERMELHA?

* O que a **cebola** disse para a cozinheira?
RESPOSTA: VOCÊ ME CORTA EM PEDAÇOS E DEPOIS FICA CHORANDO?

* O que o **milho** disse ao ralo?
RESPOSTA: POSSO TE DAR UMA RALADINHA?

* O que a **panela** falou para a **pipoca?**
RESPOSTA: EU É QUE LEVO FOGO E VOCÊ É QUE PULA?

Trava-línguas

* O **prato** de prata preteou o pano de prato.

* O **frango** fracote fraturou a fronte, ficou em frangalhos.

* Se o papa papasse **papa**,
Se o papa papasse **pão**,
O papa tudo papava,
Seria o papa papão.

* Atrás da pia tem um **prato**,
Um pinto e um gato,
Pinga a pia, apara o prato,
Pia o pinto e mia o gato.

* O **doce** perguntou pro **doce**:
Qual é o **doce** que é mais doce?
O **doce** respondeu pro **doce**
Que o **doce** que é mais doce
É o **doce de batata-doce**.

Parlendas

*

Cadê o **toucinho** que tava aqui?
– O gato comeu.
Cadê o gato?
– Foi pro mato.
Cadê o mato?
– O fogo queimou.
Cadê o fogo?
– A água apagou.
Cadê a água?
– O boi bebeu.
Cadê o boi?
– Tá amassando **trigo**.
Cadê o trigo?
– A galinha espalhou.
Cadê a galinha?
– Tá botando OVO.
Cadê o ovo?
– O frade bebeu.
Cadê o frade?
– Tá celebrando missa.
Cadê a missa?
– Tá dentro da caixinha.
Cadê a caixinha?
– Foi pro rio abaixo... foi pro rio abaixo...

*

Boca do **forno!**
– Forno!
Fritar um **bolo!**
– Bolo!
Farão tudo o que seu mestre mandar?
– Faremos todos!
E se não fizerem?
– Ganharemos um **bolo.**

*

Café com **pão, manteiga,** não,
café com **pão, manteiga,** não.

*

Preguiça, queres **mingau?**
– Quero!
Então vem buscar.
– Não quero mais...

*

Um, dois!
– **Feijão com arroz.**
Três, quatro!
– **Feijão** no prato.
Cinco, seis!
– Falar inglês.
Sete, oito!
– Comer **biscoito.**
Nove, dez!
– Vai na bica e lava os pés,
pra ganhar 500 réis
e comprar vinte **pastéis.**

*

Tempo será
– De seri-secó!
Laranja da China
– **Pimenta** em pó!
Pinto que pia
– Pi-pi-ri-pi-pi!
Galo que canta
– Co-ró-có-có!
Quem é durão
– Sou eu só!
Olha que te pego
– Não és capaz!
Olha que te pego
– Se fores capaz!

*

Pelo sinal
– do bico real.
Comi **toucinho**
– não me fez mal.
Se mais houvesse
– mais comia.
Adeus seu padre
– até outro dia.

*

Lá em cima daquela serra
Tem uma vaca chocalheira
Pondo **ovos** de **manteiga**
Para quem falar primeiro.
Fora eu que sou o rei,
Como **carne** de primeira.

✳

Meio-dia, panela no fogo
Barriga vazia
Macaco cozido
Pra Tia Maria.

✳

Bão balalão, senhor capitão,
Espada na cinta e ginete na mão,
Na terra do mouro morreu seu irmão,
Cozido e assado em um caldeirão.

Metáforas da cozinha

Abacaxi: desajeitado, canhestro; problema complicado. *Descascar o abacaxi:* resolver habilmente a situação.

Água: banalidade, vulgaridade. *Deu água:* falhou o plano. *Água-morna:* pessoa apática, sem iniciativa.

Angu: complicação, briga. *Deu angu de caroço:* deu confusão.

Amassar broa: molengar, demorar a fazer.

Bacalhau: mulher magra.

Banana: covarde, tolo.

Banho-maria (levar em): querer ganhar tempo, retardar.

Bofe: velha meretriz; mulher feia.

Bucho: mulher feia.

* **Cachaça:** paixão, gosto. *A cachaça dele é a música.*

* **Café-pequeno:** fácil.

* **Canja:** fácil.

* **Carne-seca:** pessoa avara; velho teimoso.

* **Farofa:** Vaidade, ostentação falsa.

* **Galinha:** pessoa volúvel ou muito covarde. *Galinha-morta:* pessoa incapaz de reação, inerte.

* **Lingüiça:** pessoa muito magra. *Encher lingüiça:* ocupar o tempo com banalidades; dizer ou escrever coisas que não vêm ao caso.

* **Manteiga-derretida:** pessoa que chora à toa.

* **Marmelada:** pechincha; negócio desonesto.

* **Ovo:** espaço muito pequeno.

* **Pamonha:** pessoa sem iniciativa, submissa, lerda.

* **Panela:** minoria influente.

* **Pão-duro:** avarento.

* **Pepino:** problema complicado.

* **Sal:** graça; malícia.

* **Sopa:** muito fácil.

* **Uva:** coisa ou mulher muito bonita.

* **Grude:** briga, desordem; namoro agarrado.

Crendices e superstições alimentares

*
Comer **miolo de galinha** deixa a pessoa rude.

*
Comer **pé de galinha** afasta o dinheiro.

*
Comer **coração de galinha** deixa a pessoa covarde.

*
Beber muito **café** deixa a pessoa preta.

*
Comer **carne** e **peixe** na mesma refeição faz crescer as orelhas.

*
Comer com o chapéu na cabeça é comer com o diabo.

*
Donzela não serve **sal**, não corta **galinha**, nem passa palitos.

*
Farinha ou **arroz** cru jogado no chão é prenúncio de fartura.

*
Remexer a **comida** com **faca** dá azar.

✱ Inchar as bochechas quando o arroz ferver faz crescer.

✱ Comer despido ofende o anjo da guarda.

✱ Derramar sal no chão traz azar.

✱ Sal em um copo de água colocado perto do fogão afasta mau-olhado.

✱ Deixar a colher dentro da panela, ou descansando na borda, atrasa a vida.

✱ Beber ovo quente em jejum, de manhã, dá dor de estômago.

"Remédios" caseiros*

PARA CURAR ENJÔOS E FORTALECER A PESSOA QUE SE SENTE FRACA DEPOIS DE MUITO VOMITAR

Levar para ferver duas xícaras de água. Enquanto isso, colocar uma xícara de fubá numa tigela e pingar um pouco de água fria para umedecer. Fazer bolinhos de fubá com as mãos e cozinhá-los na água fervente por alguns minutos. (Esses bolinhos se chamam "capitãezinhos".) Servir ainda quente. Se a pessoa estiver com a pressão baixa, adicionar um pouco de sal.

PARA ENJÔOS DE VIAGEM

Cortar um limão em forma de cruz, retirar a casca inteira e cheirá-la durante toda a viagem.

PARA PARAR DE VOMITAR

Espremer meio limão em meio copo d'água. Dissolver duas colheres de fubá em outro meio copo de água. Beber aos poucos, alternadamente, o conteúdo dos dois copos.

---

* Os "remédios" caseiros são apenas ilustrativos e não estão aqui como indicação de procedimentos médicos.

❋
Para estômago pesado
Molhar um pano com água quente e **vinagre**. Deitar-se de costas e aplicar o pano sobre o estômago.

❋
Para insônia
Assar bem um dente de **alho** e depois fervê-lo com um **copo de leite**. Beber devagar, ainda quente.

❋
Para males do fígado
Antes de dormir, e com jejum de pelo menos duas horas, beber devagar um cálice de **suco de fruta** cítrica misturado com um cálice de **azeite de oliva**.

❋
Para sapinhos
Retirar o caldo da primeira fervura do **feijão** e com ele fazer compressas na área afetada.

❋
Para estancar o sangue em pequenos cortes
Despejar sobre o corte um pouco de **vinagre**.

❋
Para melhorar a faringite
Fazer um chá com um **dente de alho** e a casca de uma **romã** cortada em forma de cruz. Fazer gargarejo três vezes ao dia.

❋
Para nervosismo
Beber chás de **casca de azeitona**, de **alface** ou de **flor de laranjeira**.

❋
Para inflamação
Cozinhar **farinha de mandioca** com **leite** e aplicar, ainda quente, sobre o local afetado.

Simpatias com o que temos na cozinha

Para prender um homem indiferente

Limpar três **corações de galinha**, moer e levar para assar até a carne triturada ficar bem escura, quase preta. Jogar um pouco desse pó na comida dele. A indiferença se transformará em amor. Toda vez que usar esse pó, rezar uma ave-maria em oferenda ao Sagrado Coração de Jesus.

Para atrair e segurar alguém

Cortar de comprido, ao meio, uma **banana** com casca. Passar **açúcar, mel e melado**. Escrever num papel o nome da "vítima" sete vezes. Juntar as partes da banana, com o papel escrito no centro, enrolar num papel e amarrar com uma linha virgem. Guardar em casa por 21 dias e, então, enterrar no pé de uma árvore, de preferência em noite de lua cheia.

Para ter mais dinheiro no bolso

Fazer 21 bolinhas de **miolo de pão** numa segunda-feira. Procurar um formigueiro e distribuir as bolinhas ao redor dele, mentalizando para você tranqüilidade financeira e muita sorte. Fazer essa simpatia sempre no mesmo dia, todos os meses.

※

PARA ELIMINAR VERRUGAS

Atirar uma pitada de sal nas chamas de um fogão de barro e se afastar. Se ouvir o estalo do sal no fogo, as verrugas não cairão.

※

PARA MELHORAR O TEMPO

Quebrar um ovo para Santa Clara.

※

PARA A PIPOCA ARREBENTAR BEM

"É perciso batê co'a escumadeira no testo dizeno: 'torra pipoca, Nhá Maria Sororoca'." (Cornélio Pires, *Conversas ao pé do fogo*.)

※

PARA GANHAR NO BICHO

Acender uma vela rança e deixar pingar dentro de uma vasilha virgem com café. Jogar no bicho formado pelos pingos da vela.

※

PARA O HOMEM FICAR MAIS POTENTE

Durante sete dias seguidos, comer às refeições sete dentes de alho cozidos e tomar três copos de caldo de cana. Só se aproximar de mulheres quando sentir atração.

※

PARA FICAR RICO

Distribuir aos pobres todo o leite das vacas que foram ordenhadas na Sexta-Feira da Paixão.

※

PARA RECEBER CONTAS OU DÍVIDAS

Oferecer ao seu santo de devoção, à meia-noite, um prato de farofa, feita com óleo de dendê, e uma cachaça com um pouco de mel de abelha. Em seguida, fazer orações suplicando a ajuda do santo.

Bolinhos de tudo

Bolinhos fritos, quentinhos, são sempre bem-vindos. Bares e botecos entraram na onda de servi-los como tira-gosto e tem gente que marca ponto em determinado bar só para saborear esses quitutes.

Em casa, quando se leva à mesa das refeições uma grande variedade de pratos, não raramente sobra comida. Sobrou, inventa-se o que fazer, sem jogar nada fora, prática constante nos lares mineiros. Bolinhos, então, são feitos de tudo.

Mas não vale dizer que mineiro é pão-duro. Ele tem é consciência do valor de cada coisa, principalmente as mulheres de antigamente. A maioria controlava as despesas do lar, valorizando cada tostão destinado ao orçamento doméstico.

Daqui e dali, aprendendo com os mais velhos, fomos incorporando ao feijão-com-arroz do dia-a-dia receitas de bolinhos variados; além de econômicos, são fáceis de fazer e satisfazem todos os gostos.

Bolinho de abobrinha

400 g de abobrinha ralada em tiras
2 ovos
6 colheres (sopa) de farinha de trigo
2 colheres (sopa) de queijo parmesão ralado em tiras
1 colher (sopa) de salsinha bem picada
sal e pimenta a gosto
1 colher (sopa) de cebolinha bem picada

Colocar a abobrinha sobre um guardanapo e secar bem. Bater os ovos, a farinha, o queijo e a salsinha. Temperar com sal e pimenta. Adicionar a cebolinha. Fritar a massa às colheradas, com bastante óleo quente, até dourar por igual.

Bolinho de arroz

1 prato fundo de arroz bem cozido
½ copo de leite
1 ovo batido
1 colher (sopa) de manteiga
½ colher (chá) de sal
1 colher (sopa) cheia de cheiro-verde picado
2 colheres (sopa) de queijo-de-minas curado, ralado
farinha de trigo

Colocar o arroz num recipiente fundo. Despejar o leite devagar, misturar e amassar com um garfo (ou passar pelo espremedor) até obter uma massa homogênea. Misturar o ovo, a manteiga, o sal, o cheiro-verde e o queijo. Adicionar farinha até o ponto de poder moldar os bolinhos. Fritar em óleo bem quente.

Bolinho de arroz e batata com queijo

2 xícaras (chá) de arroz cozido
4 batatas (médias) cozidas e amassadas
2 ovos
3 colheres (sopa) de queijo parmesão ralado
salsa e cebolinha picadinhas
1 pitada de sal
pedacinhos de queijo-de-minas para o recheio

Misturar e amassar todos os ingredientes (exceto o queijo) e enrolar os bolinhos. Fazer um furo com o dedo e colocar, em cada bolinho, um pedacinho de queijo. Fechar e alisar bem a massa. Fritar aos poucos em óleo quente.

Bolinho de bacalhau

½ kg de bacalhau
1 cebola média picada
salsinha picada, a gosto
pimenta-do-reino a gosto
3 colheres (sopa) de farinha de trigo
250 g de batata cozida e espremida
1 xícara (chá) de leite de coco
1 colher (sopa) de manteiga
4 ovos

Colocar o bacalhau de molho em água gelada e deixar na geladeira. Trocar a água à noite. No dia seguinte, tirar os espinhos, desfiar e passar no processador com a cebola, a salsinha e a pimenta. Juntar os demais ingredientes e misturar bem. Enrolar os bolinhos e fritar em óleo bem quente.

Bolinho de baroa

5 batatas-baroas (mandioquinhas) médias
1 colher (café) rasa de sal
1 colher (sopa) cheia de manteiga
farinha de trigo

Raspar as cascas das baroas. Lavar, picar em pedaços grandes, e colocar as batatas para cozinhar com o sal, em água suficiente para cobri-las. Depois de cozidas, escorrer a água e passar na máquina de moer. Pôr numa vasilha, acrescentar a manteiga e misturar. Juntar a farinha de trigo, aos poucos, misturando até o ponto de enrolar. Fazer as bolinhas e fritar em bastante óleo quente.

Bolinho de batata recheado

1 kg de batatas cozidas e amassadas
2 colheres (sopa) de maisena
3 colheres (sopa) de queijo parmesão ralado
2 ovos
pedaços de queijo-de-minas ou lingüiça frita para o recheio

Juntar as batatas à maisena e ao queijo, misturando bem. Adicionar os ovos quando a massa já estiver fria. Levar para gelar por umas 2 horas. Abrir um pouco da massa na palma da mão e colocar o recheio. Fechar o bolinho com outra porção de massa. Fritar em óleo quente.

Bolinho de cenoura

2 ½ xícaras (chá) de cenoura cozida e amassada
½ xícara (chá) de leite
1 colher (sopa) de manteiga derretida
1 colher (chá) de sal
1 colher (chá) de fermento químico
1 gema
1 xícara (chá) de farinha de trigo
2 colheres (sopa) de queijo ralado
1 colher (sopa) de salsa e cebolinha picadas
1 clara batida em neve

Misturar todos os ingredientes, deixando a clara por último. A massa deve ficar meio mole. (Para testar o ponto, colocar 1 colher de massa no óleo quente. Se desmanchar, juntar um pouco de farinha. Se estiver dura, adicionar 1 colher de leite.) Fritar em óleo bem quente, às colheradas. Pode-se variar substituindo a cenoura por abóbora cozida.

Bolinho de folhas

1 xícara (chá) de folhas lavadas (de beterraba, cenoura ou brócolis)
alho e sal a gosto
1 cebola picada
3 ovos batidos
1 colher (sopa) de farinha de trigo

Refogar as folhas com o alho, o sal e a cebola. Quando esfriar, misturar os ovos e a farinha de trigo. Fritar às colheradas, em óleo quente.

Bolinho de inhame

½ quilo de inhame
½ colher (chá) de sal
1 ovo

Descascar o inhame, lavar e cozinhar em 1 litro de água. Quando estiver cozido e bem macio, escorrer e amassar por igual com um garfo ou passar no espremedor. Juntar o sal, o ovo, mexer bem e fritar às colheradas em óleo quente. Servir quente. São deliciosos.

Bolinho de mandioca com carne moída

1 kg de mandioca cozida
300 g de carne moída
alho e sal amassados, a gosto
½ cebola picada ou ralada
1 tomate maduro e sem pele, bem picado
2 colheres (sopa) de cebolinha bem picada
pimenta-do-reino a gosto
ovos batidos e farinha de rosca para empanar

Cozinhar a mandioca em água com ½ colher (sopa) de sal e espremer. Reservar. Temperar a carne com alho e sal. Fritar a cebola, acrescentar a carne e mexer de vez em quando até cozinhar. Juntar o tomate e mexer mais um pouco. Apagar o fogo. Colocar a mandioca num recipiente fundo, misturar a cebolinha, a pimenta e, se necessário, mais uma pitada de sal. Pegar a massa com 1 colher de sopa e abrir na palma da mão untada com óleo. Rechear o bolinho com a carne moída. Passar nos ovos e na farinha de rosca para empanar. Fritar em óleo bem quente.

Bolinho de mandioca e queijo

½ kg de mandioca cozida e espremida
2 gemas
1 colher (sopa) de manteiga
1 pitada de sal
2 colheres (sopa) de queijo parmesão ralado
250 g de queijo-de-minas fresco em cubinhos
ovos batidos e farinha de rosca para empanar

Misturar a mandioca, as gemas, a manteiga, o sal e o queijo ralado e mexer bem. Enrolar os bolinhos e rechear com o queijo-de-minas. Passar nos ovos e na farinha de rosca para empanar. Fritar em bastante óleo quente.

Bolinho de milho

4 espigas de milho verde cozidas, batidas e peneiradas (creme de milho)
2 ovos (claras em neve)
2 copos de farinha de milho
sal, salsa e cebolinha a gosto

Colocar o creme de milho numa tigela funda. Em outro recipiente, juntar as claras e as gemas e mexer até obter uma mistura homogênea. Adicionar essa mistura ao creme de milho e mexer. Acrescentar a farinha de milho e incorporar. Adicionar os temperos. Fritar às colheradas, em óleo quente.

Bolinho de queijo-de-minas

2 pratos de queijo-de-minas curado, ralado
3 ovos inteiros
2 colheres (sopa) de manteiga
½ copo de leite frio
16 colheres (sopa) de farinha de trigo
1 colher (chá) de sal
1 colher (chá) de fermento químico

Juntar todos os ingredientes e amassar com as pontas dos dedos. Enrolar os bolinhos e fritar em óleo bem quente.

Croquete à moda da Laís

1 kg de patinho cozido com sal e cortado em pedaços grandes
1 cebola média
½ kg de batatas cozidas
3 ovos inteiros
½ maço de salsa picadinha
sal, pimenta-do-reino e pimenta-malagueta a gosto
ovos batidos e farinha de rosca para empanar

Passar a carne cozida, a cebola e as batatas pelo processador. Acrescentar, sem bater, os ovos, a salsa e os temperos. Misturar bem com as mãos. Formar os croquetes. Passar nos ovos e na farinha de rosca e fritar em óleo quente. Ideal para comer com almeirão cru.

Sopas quentes

Até pouco tempo atrás, durante o inverno, as ruas de Ubá, nossa cidade natal, já às 9 da noite ficavam desertas, as pessoas recolhidas em casa. Antes de dormir, todos procuravam a cozinha, onde, com o fogão "de" lenha ainda aceso, uma substanciosa sopa os esperava. Era o "esquenta-peito" dos friorentos.

Uma boa dona de casa mineira sabe fazer sopas com os mais diversos ingredientes. Existe sopa de tudo e para tudo.

Encontramos uma bem curiosa, para a mulher que pariu. As mães tinham os filhos em casa. Logo que a criança nascia, alguém já havia providenciado a nutritiva sopa para repor as energias gastas durante o trabalho de parto. A receita é conhecida em nossa região há muito tempo. O historiador e folclorista Câmara Cascudo relata a origem desse costume:

> A tradição antiga fazia consistir o resguardo em alimentação exclusiva de galinhas. Era costume português. Nos últimos meses da gravidez guardavam, prudentemente, as galinhas do resguardo, do parto, da parida.

Ficavam no galinheiro próximo, comendo milho, farinha trufada com água e sal, também defendidas do barulho e zoadeira para não "aperrear".*

Para chegar bem perto do verdadeiro sabor daqueles tempos, nada como fazer essas receitas em panelas de pedra ou de barro, mesmo que seja nos fogões modernos. Experimente só.

---

* Câmara Cascudo, *História da alimentação no Brasil* (Belo Horizonte/São Paulo: Itatiaia/Edusp, 1983), p. 694.

Canja da mamãe

½ kg de peito de galinha em pedaços
1 cebola pequena picada ou ralada
1 dente de alho picado
óleo para refogar
2 tomates maduros (bem firmes), sem sementes e picados
1 cenoura pequena picada
2 ou 3 batatas picadas
1 xícara (chá) de arroz cru
1 ou 2 folhas de louro
sal e pimenta a gosto
salsa e cebolinha bem picadas

Levar ao fogo uma chaleira com água. Temperar o peito de galinha com alho e sal. Cozinhar ligeiramente em água quente. Retirar da panela e, depois de frio, desfiar em partes grandes. Numa panela, fritar a cebola e o alho com um pouco de óleo. Juntar o peito de galinha e refogar um pouco. Adicionar os tomates, tampar a panela e abaixar o fogo. Se preciso, pingar um pouco de água até os tomates derreterem. Adicionar a cenoura e cobrir com água quente. Quando estiver quase cozida, acrescentar as batatas. Depois de uns 5 minutos, juntar o arroz, acrescentando mais água quente, se necessário. Provar o sal. Adicionar o louro e a pimenta. Depois de tudo cozido, acrescentar a salsa e a cebolinha e apagar o fogo.

Cozido à mineira

1 kg de músculo em pedaços
alho e sal a gosto
pimenta-do-reino a gosto
1 xícara (chá) de óleo
1 cebola em rodelas
½ copo de fubá
4 espigas de milho cruas e cortadas em 3 ou 4 pedaços
2 batatas-doces picadas
3 batatas médias picadas
2 cenouras picadas
4 folhas de couve picadas
salsa e cebolinha a gosto

Temperar o músculo com alho, sal e pimenta umas 5 horas antes. Levar a chaleira ao fogo com 2 litros de água. Aquecer o óleo na panela de pressão, acrescentar a cebola e o músculo. Mexer e pingar água quente até a carne dourar. Despejar toda a água na panela e peneirar o fubá, mexendo para não encaroçar. Acrescentar o milho, as batatas e as cenouras; adicionar sal, se necessário. Tampar a panela e cozinhar por ½ hora. Quando tudo estiver cozido, acrescentar a couve, a salsa e a cebolinha e deixar cozinhar por mais 5 minutos, em fogo baixo.

Creme de legumes

2 cenouras
4 batatas médias
1 batata-baroa
1 chuchu
3 colheres (sopa) de óleo
alho e sal a gosto
1 cebola picada
½ pimentão vermelho picado
sobra de carne cozida, em pedaços
2 tomates maduros picados
1 folha de louro
salsa e cebolinha a gosto

Cortar as cenouras, as batatas e o chuchu em pedaços grandes. Esquentar 1 ½ litro de água. Numa panela funda, aquecer o óleo e refogar o alho, o sal e a cebola. Juntar o pimentão e a carne e mexer. Acrescentar os tomates e, quando amolecerem um pouco, refogar as cenouras e a batata-baroa. Adicionar água quente. Colocar a folha de louro e um pouco de sal, se precisar. Tampar e cozinhar em fogo baixo. Quando a cenoura estiver macia, acrescentar as batatas e o chuchu. Depois de tudo cozido, retirar os pedaços de carne e a folha de louro. Deixar esfriar um pouco e bater no liquidificador. Na hora de servir, juntar a carne ao creme. Esquentar e acrescentar salsa e cebolinha.

Mingau de couve com costelinha

700 g de costelinha de porco em pedaços
alho e sal a gosto
1 cebola picada
3 colheres (sopa) de fubá
1 maço de couve picada

Tirar o excesso de gordura da carne e deixar no tempero de alho e sal por aproximadamente 1 hora. Levar ao fogo uma chaleira com água. Numa panela, fritar ligeiramente a carne e adicionar água quente suficiente para cobri-la. Cozinhar em fogo baixo e, quando estiver macia (e a água secar), deixar fritar mais até dourar. Retirar da panela e escorrer o excesso de gordura. Na borra que sobrar, juntar a cebola e deixar dourar. Dissolver o fubá em um copo grande de água, despejar na panela e cozinhar até engrossar. Se quiser um mingau mais ralo, acrescentar mais água. Quando estiver pronto, adicionar a carne. Refogar a couve em separado, para que fique bem verdinha, e misturar em seguida ao mingau. Deixar mais 2 minutos no fogo.

Sopa de couve com feijão

1 xícara (chá) cheia de sobra de feijão cozido e sem caldo
1 xícara (chá) de água
2 colheres (sopa) de óleo
½ cebola picada
sobras de carne cozida ou toucinho picados
1 couve bem picada
salsa e cebolinha picadas

Bater o feijão no liquidificador com a água. Coar. Numa panela funda, aquecer o óleo e fritar a cebola. Juntar as sobras de carne ou pedacinhos de toucinho e fritar. Adicionar a couve e refogar. Juntar o caldo de feijão, a salsa e a cebolinha. Deixar mais um pouco no fogo baixo. Se quiser, acrescentar pedacinhos de torradas na hora de servir.

Sopa de galinha para mulher parida

1 galinha caipira gorda (em pedaços)
5 colheres (sopa) de azeite
½ colher (sopa) de sal
2 tomates grandes maduros e picados
1 cebola média picada
1 folha de louro
salsa e cebolinha a gosto
farinha de milho

Colocar os ingredientes (exceto a farinha de milho) na panela de pressão e cozinhar, sem água, por 30 minutos, em fogo baixo. Abrir a panela e acrescentar farinha de milho até obter o ponto de mingau. *Não colocar água.* A gordura da galinha é que dá a consistência de mingau. Servir quente.

Sopa de inhame

500 g de inhame picado em pedaços pequenos
óleo para refogar
½ cebola ralada
alho e sal a gosto
100 g de carne moída
2 tomates maduros picados, sem pele e sem sementes
salsa e cebolinha picadas

Numa panela média, colocar o óleo, a cebola, o alho e o sal. Acrescentar a carne e refogar até perder a cor vermelha. Abaixar o fogo e juntar o inhame, mexendo um pouco. Adicionar os tomates e colocar água suficiente para cobrir o conteúdo da panela. Cozinhar até o inhame dissolver e formar um caldo grosso. Provar o sal e, por último, juntar a salsa e a cebolinha.

Sopa de macarrão com feijão

½ kg de macarrão, aproximadamente
2 dentes de alho picados
sal a gosto
1 colher (sopa) de óleo
1 prato de feijão cozido (com o caldo)
1 colher (sopa) cheia de salsa e cebolinha picadas

Colocar o macarrão para cozinhar em 1 litro de água com sal. Durante o cozimento do macarrão, fritar o alho com sal e refogar o feijão. Amassar numa peneira e despejar no macarrão. Acrescentar a salsa e a cebolinha quando o macarrão estiver cozido. Servir em seguida.

Sopa de mandioca

- 2 colheres (sopa) de manteiga
- ½ colher (sopa) de sal com alho amassado
- 1 colher (sopa) de cebola ralada
- 1 kg de mandioca cozida com sal e cortada em pedaços pequenos
- 1 tomate grande sem pele
- 4 copos de água quente
- 1 colher (sopa) de cebolinha e salsa picadas

Esquentar a manteiga numa panela, fritar o sal com alho e a cebola. Adicionar a mandioca e refogar. Juntar o tomate. Despejar a água quente e deixar cozinhar em fogo brando, sem tampa, mexendo de vez em quando, até a mandioca desmanchar. Se a mistura ficar muito grossa, acrescentar mais 1 copo de água. Espalhar a cebolinha e a salsa e apagar o fogo.

Sopa de milho

- 3 espigas de milho grandes, cozidas e raladas
- 2 colheres (sopa) de óleo
- 1 cebola branca picada
- alho e sal amassados, a gosto
- 1 copo de caldo de galinha
- 1 colher (sopa) cheia de fubá
- 1 copo de água fria
- 4 copos de água quente
- 2 batatas bem picadas
- 1 colher (sopa) de salsa picada
- 1 colher (sopa) de cebolinha picada

Numa panela funda, aquecer o óleo e dourar a cebola. Temperar com alho e sal e adicionar o caldo de galinha. Dissolver o fubá em 1 copo de água fria e acrescentar à panela, mexendo por uns 2 minutos ou até a água esquentar. Despejar a água quente e as batatas. Quando estiverem cozidas, acrescentar os grãos de milho ralados. Abaixar bem o fogo e, quando engrossar o caldo, juntar a salsa e a cebolinha. Desligar o fogo. Servir quente.

Sopa leve

1 peito de frango
sal
pimenta-do-reino
1 litro de água
1 cebola picada
1 tomate sem pele e sem sementes
2 cenouras pequenas
1 chuchu
1 batata-inglesa
½ molho de brócolis (só as flores)
½ molho de espinafre (folhas inteiras)
queijo parmesão

Temperar o frango com sal e pimenta e cozinhar com 1 litro de água na panela de pressão, por uns 10 minutos. Retirar o frango. Reservar. Colocar na mesma panela a cebola, o tomate, as cenouras, o chuchu e a batata, cortados em quadradinhos. Adicionar o brócolis e o espinafre. Deixar cozinhar até restar pouco caldo. Servir a sopa quente, polvilhada com bastante queijo parmesão ralado. Ideal para almoços bem leves ou para dieta.

▲ Fantasiadas de odaliscas.

▲ Prontas para a cerimônia de Coroação de Nossa Senhora.

◀ No alto: aniversário de 1 ano, com nossas irmãs Cléria e Adélia.
Abaixo: aniversário de 5 anos.

▲ Com mamãe, papai e nosso irmão Ronaldo.

Com o uniforme do colégio. ▶

▼ Nossa festa de 15 anos.

No apartamento em Tóquio, durante a temporada no restaurante Saci Pererê, 1975.

◀ Com a Guarda de Moçambique de Raposos (MG); foto tirada em Nova Lima (MG), 1994.

◀ Crianças do Congado da Irmandade do Rosário, fim dos anos 1980.

▲ Cantando com Cauby Peixoto no *show* Cauby, Cauby, Rio de Janeiro, 1984.

◀ No alto: como Luminada e Luminosa, personagens da novela *Ana Raio e Zé Trovão*, com parte do elenco, TV Manchete, 1990.

Abaixo: no programa *Viola, minha viola*, TV Cultura, anos 1990.

Com os palhaços da Folia de Reis, em Jequitibá (MG), anos 1990. ▶

Gravação ao vivo do CD *A cozinha caipira de Celia & Celma*, com Mário Zan, no Armazém Bar, 1995. ▶

▲ Na companhia de João Pacífico e Adauto Santos, dois grandes compositores de música caipira, 1998.

▼ Gravação do *Programa Celia & Celma*, Canal Rural, com as Irmãs Galvão e a dupla Pena Branca e Xavantinho, 1998.

▲ Gravação do *Programa Celia & Celma*, Canal Rural, com a Orquestra Sanfônica de São Paulo, 2003.

▼ Gravação do *Programa Celia & Celma*, Canal Rural, com a presença do congado de Viçosa (MG), 2004.

▲ No alto: no *show* Ary Mineiro, Belo Horizonte, 1997.

Abaixo: com Mazinho Quevedo, Tereza Cristina, Áurea Martins, Jamelão, Paulo Marquez e Ademilde Fonseca, acompanhados pela Orquestra Sinfônica Nacional, comemorando o centenário do compositor Ari Barroso, Niterói, 2003.

Celia e Celma em casa. Vê-se ao fundo foto de zepelim sobrevoando a praça Guido Marlière, em Ubá, em foto feita pelo pai das cantoras, Celidônio Mazzei, em 1930. ▶

Poema feito pelo poeta e amigo de Ubá. ▶

À Célia e Celma
Nilton Bertelli

São duas rosas distintas,
Nascidas do mesmo galho,
Pintadas com as mesmas tintas,
Banhadas com o mesmo orvalho.

São rosas, rosas gentis,
Rosas mimosas... douradas...
De tão belo o seu matiz,
Parecem ser encantadas.

Nos jardins, ao encontrá-las,
Verás sempre que outras rosas
Não conseguem ofuscá-las,
Por mais que sejam formosas.

E eu, um pobre jardineiro,
A contemplá-las, medito:
Como pô-las em um viveiro,
Se elas são todo o infinito?!

▲ Retrato a traço das cantoras feito por Chico Caruso.

Comidas de sal

A comida mineira se fez famosa não só pelo sabor típico dos seus pratos, mas também por sua fartura e variedade.

Na nossa infância e adolescência, quando nosso pai ainda era vivo, as refeições principais eram sagradas. Ele, sentado à cabeceira da mesa, impunha respeito aos inúmeros filhos, fazendo-nos compreender e valorizar a importância de uma refeição preparada com esmero e capricho por mamãe e sua fiel ajudante.

A recordação desse ritual acompanha-nos até hoje. Aqueles momentos de encontros familiares, que eram diários, tornaram-se escassos, espaçando-se para os domingos e comemorações especiais, quando, então, ainda procuramos repetir à mesa os pratos que faziam a alegria dos presentes.

As receitas aqui apresentadas vieram de famílias que, como a nossa, valorizavam o ritual das refeições em conjunto e criavam pratos únicos, em que o amor se fazia sentir em cada garfada.

Angu com almeirão

1 maço de almeirão cortado em tiras finas
1 dente de alho picado
1 cebola pequena picada
2 colheres (sopa) de óleo
1 litro de água
1 xícara (chá) de fubá

Cozinhar o almeirão em água com sal. Ferver 5 minutos, escorrer e apertar para tirar o amargo. Em uma panela funda, fritar o alho e a cebola no óleo. Adicionar o almeirão. Acrescentar 1 litro de água fria e mais sal, se precisar. Quando começar a ferver, adicionar o fubá umedecido. Deixar no fogo por 10 minutos, sempre mexendo. Servir com torradas.

Angu mole com costelinha de porco e ora-pro-nóbis

1 kg de costelinha de porco cortada em pedaços pequenos
alho e sal a gosto
2 tomates médios picados
½ cebola picada
½ maço de cheiro-verde picado
2 xícaras (chá) de fubá mimoso
1 maço grande de ora-pro-nóbis

Temperar a costelinha com alho e sal. Levar ao fogo uma chaleira com água para ferver. Untar uma panela (de preferência de pedra) e fritar a carne. Quando dourar, pingar água aos poucos até ficar macia. Tirar da panela e reservar.

Remover o excesso de óleo que ficou na panela e fritar os tomates e a cebola, até dissolverem. Se preciso, pingar um pouco de água. Nesse molho, juntar a costelinha e o cheiro-verde, deixando encorpar em fogo baixo.

Preparar o angu, levando ao fogo 3 litros de água numa panela funda. Quando levantar fervura, despejar aos poucos o fubá, sempre mexendo para não encaroçar. Adicionar sal a gosto e mexer novamente. Tampar e deixar cozinhar em fogo baixo por 45 minutos, mexendo de vez em quando.

Lavar bem as folhas de ora-pro-nóbis e picá-las como couve. Refogar em um pouco de óleo, alho e sal e, quando murcharem, adicionar um pouco de água para cozinhar.

Espalhar o angu numa travessa, jogar por cima a costelinha com o molho e finalizar com o ora-pro-nóbis.

Bacalhoada mineira

2 kg de postas de bacalhau dessalgadas, sem espinhas

1 maço de couve

6 cebolas pequenas inteiras

½ kg de batata em rodelas não muito finas

1 cebola média picada

azeite de oliva a gosto

sal e alho socados, a gosto

1 lata de polpa de tomate

pimenta-do-reino e pimenta-malagueta a gosto

farinha de trigo

1 dente de alho cortado em rodelas finas

2 pimentões vermelhos em rodelas

azeitonas pretas inteiras

2 ovos cozidos

Levar o bacalhau ao fogo com bastante água. Quando levantar fervura, abaixar o fogo e deixar cozinhar por cerca de 15 minutos. Retirar as postas com uma escumadeira e reservar. Na mesma água, cozinhar as folhas de couve rasgadas ao meio (sem os talos) e as cebolas inteiras. Reservar. Fritar as batatas sem deixar dourar. Reservar.

Para o molho, refogar a cebola picada no azeite, sem dourar, junto com sal e alho socados. Adicionar a polpa de tomate, mexer e acrescentar um pouco de água para cozinhar. Pimenta a gosto. Enquanto o molho apura, passar as postas de bacalhau em farinha de trigo e fritar em azeite. Reservar. No azeite que sobrou, fritar o dente de alho e, em seguida, as rodelas de pimentão.

Untar uma fôrma ou travessa refratária. Forrar o fundo com a couve e alternar camadas de molho, bacalhau, batata frita, azeitonas, cebola e pimentão, até terminar os ingredientes. Regar com azeite e adicionar o molho restante. Levar ao forno por cerca de 20 minutos. Retirar do forno e cobrir com os ovos cozidos cortados em rodelas.

Bolo salgado

3 gemas
3 claras em neve
1 xícara (chá) de óleo
2 xícaras (chá) de leite
3 colheres (sopa) de queijo parmesão ralado
15 colheres (sopa) de farinha de trigo
sal e pimenta a gosto
1 cebola batida
3 tomates maduros bem picados
salsicha cozida ou lingüiça frita em pedacinhos
azeitonas picadas
2 colheres (sopa) rasas de fermento químico

No liquidificador, bater as gemas, o óleo, o leite, o parmesão, a farinha de trigo, sal e pimenta. Passar para outro recipiente e juntar a cebola, os tomates, os pedaços de salsicha ou lingüiça e as azeitonas. Incorporar o fermento e, por último, as claras. Assar em tabuleiro untado. Cortar em quadradinhos para servir.

Carne-seca com repolho

- 1 ½ kg de carne-seca cortada em pedaços médios
- 4 colheres (sopa) de óleo
- 1 cebola média picada
- 4 tomates bem maduros, sem pele e sem sementes
- 2 colheres (sopa) de polpa de tomate
- 1 repolho médio lavado
- sal e alho a gosto
- pimenta-malagueta e pimenta-do-reino a gosto

Deixar a carne de molho na água de véspera para retirar o excesso de sal. Cozinhar na panela de pressão por 30 minutos. Escorrer a água. Adicionar o óleo e fritar a carne até dourar. Acrescentar a cebola. Quando murchar, juntar os tomates e a polpa de tomate. Rasgar as folhas do repolho ao meio e adicionar à panela. Temperar com sal, alho e pimenta. Deixar ferver até o repolho murchar. Cozinhar em fogo baixo até reduzir o caldo. Servir com angu e arroz.

Costela de boi recheada

- 5 kg de costela de boi desossada
- alho e sal a gosto
- 200 g de toucinho ou *bacon* fatiado
- 500 g de lingüiça calabresa picada
- 2 cenouras cortadas em rodelas
- 2 cebolas picadas
- 1 maço de cheiro-verde picado

Temperar a costela com alho e sal e deixar descansando por aproximadamente 2 horas. Com a carne aberta, espalhar os ingredientes e enrolar como se fosse um rocambole, amarrando com barbante. Cobrir com duas voltas de papel-alumínio, colocar num tabuleiro e deixar assar em forno baixo por 2 horas.

Costelas no angu

1 kg de costela de boi limpa
alho e sal a gosto
2 colheres (sopa) de óleo
2 ½ xícaras (chá) de fubá mimoso
1 cebola picada
3 tomates picados
queijo parmesão ralado
cheiro-verde picado

Temperar a costela com alho e sal mais ou menos 3 horas antes de cozinhá-la. Esquentar o óleo em uma panela e fritar a costela, mexendo sempre, até dourar. Acrescentar água quente até cobrir, tampar e deixar cozinhar em fogo baixo. Enquanto a carne cozinha, fazer um angu mole. Em uma panela funda, levar 3 litros de água ao fogo alto. Quando levantar fervura, despejar aos poucos o fubá, sempre mexendo para não encaroçar. Adicionar sal a gosto e mexer novamente. Tampar e deixar cozinhar em fogo baixo por 45 minutos, mexendo de vez em quando. Quando a carne estiver cozida, passar para uma travessa e reservar. Tirar o excesso de óleo da panela e, na borra que restou, dourar a cebola e cozinhar os tomates. Despejar o angu e o queijo ralado sobre as costelas e, por último, adicionar o molho. Salpicar com cheiro-verde.

Dobradinha à moda da titia

1 kg de dobradinha limpa cortada em quadrados
3 colheres (sopa) de óleo
1 cebola grande picada
5 tomates picados
6 colheres (sopa) de polpa de tomate
sal e alho a gosto
pimenta-do-reino e pimenta-malagueta a gosto

Cozinhar a dobradinha na panela de pressão por 1 hora. Passar para outro recipiente e reservar. Na mesma panela, colocar o óleo e refogar a cebola e os tomates. Adicionar a polpa de tomate e 2 copos de água quente. Juntar a dobradinha e temperar com alho, sal e pimenta a gosto. Cozinhar novamente por uns 15 minutos, ou até ficar macia. Destampar a panela e deixar engrossar. Servir quente com angu ou arroz.

Frango com ora-pro-nóbis

1 frango inteiro (1 ½ kg aproximadamente)
sal e alho a gosto
pimenta-do-reino a gosto
1 maço de ora-pro-nóbis
2 colheres (sopa) de óleo
1 cebola ralada

Picar o frango em pedaços e temperar com sal, alho socado e pimenta-do-reino. Deixar descansar por 1 hora. Levar ao fogo uma panela com o óleo e refogar o frango com a cebola, até dourar. Lavar bem as folhas de ora-pro-nóbis, rasgar ao meio e colocar no frango. Acrescentar 1 xícara (chá) de água fervente e deixar cozinhar, mexendo sempre. Servir com arroz branco ou com angu.

Lagarto de geladeira

1 lagarto (1 ½ kg)
5 tomates maduros picados
2 cebolas médias picadas
½ pimentão verde
½ pimentão vermelho
2 colheres (sopa) de molho inglês
½ copo de azeite
½ copo de vinagre
1 folha de louro
1 colher (sopa) de orégano
1 maço pequeno de cheiro-verde picado
sal e pimenta-do-reino a gosto
6 azeitonas verdes picadas

Cozinhar o lagarto na panela de pressão, somente com água. Deixar esfriar e levar ao congelador por 12 horas. Depois de congelado, cortar em fatias bem finas. Reservar. Levar uma caçarola ao fogo com os demais ingredientes, exceto as azeitonas, misturando tudo sem refogar. Deixar abrir fervura e cozinhar em fogo brando até que os tomates, as cebolas e os pimentões se desmanchem. Adicionar as azeitonas, cozinhar mais 5 minutos e retirar do fogo. Num refratário, dispor camadas alternadas de carne e molho. Levar à geladeira de um dia para outro. Servir gelado com pão.

Língua de boi recheada

1 língua de boi
2 cenouras cortadas em rodelas
200 g de lingüiça cortada em rodelas
100 g de toucinho ou *bacon* fatiado
sal de alho a gosto
6 colheres (sopa) de azeite
3 tomates picados em cubos
1 cebola grande picada
1 folha de louro
½ maço de manjericão picado
1 pitada de noz-moscada ralada

Limpar e lavar bem a língua. Cozinhar na panela de pressão por 2 horas. Depois de cozida, lavar com água fria e, com uma faca afiada, retirar toda a pele. Lavar novamente, perfurar com um garfo e rechear com as cenouras, a lingüiça e o toucinho ou *bacon*. Temperar com sal de alho. Colocar de volta na panela de pressão, com o restante dos ingredientes, e deixar cozinhar por mais 40 minutos, em fogo brando, sem água. Servir com arroz e purê de batata.

Lombo na cerveja com farofa de milho

1 lombo de porco (2 kg a 3 kg)
250 g de ameixa-preta sem caroço
1 garrafa pequena de cerveja
3 colheres (sopa) de óleo
1 colher (sopa) de manteiga ou margarina
1 cebola média picada
1 dente de alho picado
1 xícara (chá) de grãos de milho verde cozido
2 colheres (sopa) de azeitonas picadas
1 xícara (chá) de farinha de milho
cheiro-verde a gosto

Lavar o lombo com vinagre ou limão na água. Temperar a gosto e rechear com as ameixas. Deixar de um dia para o outro de molho na cerveja. No dia seguinte, untar com o óleo e levar ao forno para assar. Retirar do tabuleiro. Na borra que restou do assado, acrescentar a manteiga e refogar a cebola e o alho. Adicionar o milho e as azeitonas. Mexer e acrescentar a farinha de milho e o cheiro-verde. Servir com arroz branco.

Massa para pastel de Piraúba

1 kg de farinha de trigo
100 mℓ de óleo
2 colheres (sopa) de álcool
água morna
1 kg de carne moída de primeira
1 colher (sopa) rasa de sal + sal a gosto
2 dentes de alho socados
10 azeitonas verdes
1 cebola grande
2 batatas
2 ovos

Para fazer a massa, colocar a farinha e óleo numa vasilha funda. Misturar. Colocar o álcool e o sal a gosto. Acrescentar água morna aos poucos, até a massa ficar na consistência boa para abrir. Amassar bem e sovar. Deixar descansar por 1 hora.

Para fazer o recheio, temperar a carne com 1 colher rasa de sal e o alho, e deixar descansar por 1 hora. Picar as azeitonas e a cebola. Descascar as batatas, picar em pedaços bem pequenos e cozinhar em água quente. Lavar os ovos e colocá-los na mesma água da batata dez minutos depois. Assim que estiver tudo cozido, retirar do fogo e escorrer. Descascar e picar os ovos. Esquentar óleo numa panela e colocar a cebola, mexendo até murchar. Em fogo médio, colocar a carne e mexer até co-

zinhar. Colocar o restante dos ingredientes, mexer um pouco e apagar o fogo.

Fazer os pastéis, abrindo a massa com um rolo, em uma mesa polvilhada com farinha de trigo, até que ela fique bem fina. Cortar na medida de um pires de chá, com um cortador de massa ou carretilha. Colocar 1 colher de sopa de recheio em cada pastel. Fechar bem, umedecendo as beiradas da massa, e apertar com a ponta de um garfo. Fritar os dois lados em uma frigideira com óleo quente. Retirar e colocar em papel absorvente.

Panqueca assada

2 ovos
2 xícaras (chá) de leite
sal a gosto
farinha de trigo

Bater os ovos com o leite e o sal e adicionar, aos poucos, a farinha de trigo, até obter um mingau grosso. Despejar metade da massa em uma fôrma untada com manteiga. Adicionar um refogado de carne bem temperado e rodelas de tomate. Cobrir com o restante da massa e levar ao forno para assar.

Peixe à Zé Gute

2 kg de postas de curimba ou dourado
4 tomates maduros cortados em rodelas
3 cebolas cortadas em rodelas
1 copo de água
1 copo de vinagre
½ copo de azeite ou óleo

Temperar as postas a gosto. Numa panela de pressão, dispor camadas alternadas de tomate, cebola e peixe. Adicionar a água, o vinagre e o azeite ou o óleo e levar ao fogo. Quando a panela começar a chiar, abaixar o fogo e cozinhar por 1 hora. O segredo é abrir a panela somente 9 ou 10 horas depois de apagar o fogo. Os espinhos se tornam macios como a carne. Fazer em dias frios.

Peixe assado com farofa de banana

½ kg de dourado (ou robalo)

1 limão

1 maço de cheiro-verde picado

2 cebolas médias picadas

alho e sal a gosto

batatas cortadas em rodelas grossas

3 bananas-da-terra cortadas em cubinhos

100 g de toucinho ou *bacon* cortado em cubos

2 colheres (sopa) de margarina ou manteiga

2 xícaras (chá) de farinha de mandioca

2 ovos cozidos e picados

azeitonas pretas picadas

azeite de oliva

Temperar o peixe com o limão, metade do cheiro-verde, metade da cebola, alho e sal. Levar à geladeira por 2 horas. Cozinhar as batatas e reservar. Fritar as bananas em óleo e reservar. Fritar o toucinho ou *bacon* e reservar. Numa frigideira, aquecer a manteiga e refogar a cebola restante. Adicionar ao refogado as bananas e o toucinho. Acrescentar a farinha aos poucos, mexendo sem parar, até ficar crocante. Por último, juntar os ovos, as azeitonas e o cheiro-verde restante. Sal a gosto. Rechear o peixe com essa farofa e amarrar com barbante. Untar uma travessa refratária e forrar com as batatas. Colocar o peixe sobre as batatas e regar com azeite e com o molho do tempero. Levar ao forno preaquecido para assar por completo (cerca de 40 minutos).

Picadinho de carne com creme de milho ao forno

1 kg de patinho ou coxão mole moído

sal, alho e pimenta-do-reino a gosto

1 cebola picada

3 tomates maduros sem pele e sem sementes

3 colheres (sopa) de manteiga

salsa e cebolinha bem picadas, a gosto

azeitonas verdes picadas, a gosto

mussarela ou queijo prato ralado em tiras

2 ½ copos de leite

2 colheres (sopa) rasas de lingüiça bem picada

3 gemas

2 espigas de milho verde cozidas em água e sal

3 colheres (sopa) de queijo parmesão ralado

Temperar a carne com sal, alho e pimenta. Refogar a cebola e os tomates em 2 colheres de manteiga. Juntar a carne e refogar bem. Assim que estiver corada, juntar a salsa, a cebolinha, as azeitonas e espalhar num refratário de tamanho médio. Espalhar sobre a carne boa porção de mussarela ou queijo prato.

Bater no liquidificador o leite, a lingüiça e as gemas. Refogar essa mistura em 1 colher de manteiga, temperando com sal e alho a gosto. Deixar engrossar, mexendo sempre para não encaroçar. Acrescentar o milho verde e mexer por 2 ou 3 minutos. Juntar o queijo parmesão. Mexer bem e espalhar sobre a carne refogada. Levar ao forno para gratinar. Servir quente, acompanhado de salada e arroz branco.

Rocambole de arroz

2 xícaras (chá) de sobra de arroz
2 xícaras (chá) de leite
1 xícara (chá) de farinha de trigo
½ xícara (chá) de azeite
3 ovos inteiros
1 xícara (chá) de queijo parmesão ralado
1 colher (sopa) de fermento químico

Acender o forno e untar o tabuleiro. Colocar os ingredientes no liquidificador, sem o fermento. Bater bem e adicionar o fermento. Despejar no tabuleiro e levar ao forno. Depois de assado, virar sobre um pano de prato úmido, para poder enrolar sem quebrar. Espalhar o recheio de sua preferência (sardinha, frango desfiado, carne moída, etc.). Com a ajuda do pano de prato, enrolar a massa. Cobrir com maionese e polvilhar com queijo parmesão ralado. Cortar em rodelas e servir.

Suã com arroz e milho verde

1 kg de suã
sal de alho a gosto
3 colheres (sopa) de óleo
4 espigas de milho verde fresco
2 xícaras (chá) de arroz
sal e alho a gosto
1 maço de cheiro-verde picado

Limpar, lavar e temperar a suã com sal de alho. Numa panela com o óleo, fritar até dourar. Reservar. Debulhar as espigas de milho (escolher as mais tenras) com uma faca afiada. Refogar os grãos com um pouco de óleo, sal e alho. Reservar.

Preparar o arroz como de costume. Antes de acrescentar a água do cozimento, adicionar a suã e misturar. Cobrir com a água e, quando levantar fervura, tampar e abaixar o fogo. Quando a água tiver secado, misturar o milho refogado e o cheiro-verde.

A cozinha árabe nas casas mineiras

Os "turcos" – assim chamados todos os oriundos dos países árabes que vieram para o Brasil –, em nossa cidade, eram numerosos. Convivíamos estreitamente com as famílias Haikal, Chehuen, Jacob, Feres, Micherif, Fatuch, Rozendo, Atalla, El-Kadum Nejaim, e muitos de seus membros se tornaram compadres e amigos fraternos de nossa família.

Os Reskalla estavam entre esses amigos. Dona Regina, a matriarca, passou-nos há algum tempo as receitas dos quibes e dos tabules que ela nos oferecia em sua casa, na nossa adolescência, quando lá íamos estudar com sua filha, Helena. Vão para você do jeito que ela sempre fazia.

A Ziza, do Ibrahim Jacob, madrinha de uma de nós duas (a Celia), sempre pedia à comadre, nossa mãe, as folhas maiores e mais bonitas da parreira, para fazer seus caprichados charutos. Depois, mantendo o hábito da época – e que é repetido até hoje –, mandava uma farta porção para nossa numerosa família.

Assim fomos crescendo, deixando de achar estranho os nomes e os sabores das comidas desse povo e acostumando nosso paladar –

▲ O casal Ibrahim e Ziza Jacob.

▲ O casal Nagib e Regina Reskalla.

habituado ao trivial mineiro e italiano – a apreciar suas deliciosas iguarias.

Laís Atalla, uma profissional da cozinha, cedeu-nos muitas de suas apetitosas receitas e é autora de um livro com essas especialidades.

Embora não sejam novidade, já que todo o Brasil hoje conhece e aprecia a cozinha árabe, as receitas aqui apresentadas saíram diretamente do coração das mamães "turcas" para nós, e agora para você.

Arroz de grão-de-bico com galinha

150 g de grão-de-bico
2 peitos de frango, sem pele e sem ossos
sal e alho a gosto
1 colher (café) de pimenta-do-reino
3 colheres (sopa) cheias de óleo
2 xícaras (chá) de arroz, lavado e escorrido
2 cebolas médias cortadas em tiras finas
4 xícaras (chá) de água fervente
1 colher (café) de pimenta síria

Colocar o grão-de-bico de molho de véspera. No dia seguinte, cozinhar na panela de pressão, com água, durante 20 minutos. Tirar as cascas e reservar. Cortar o peito de frango em pedaços e temperar com sal, alho e a pimenta-do-reino. Em uma panela, refogar o frango no óleo até dourar ligeiramente. Retirar e reservar. Na mesma panela, refogar o arroz, aproveitando o óleo que sobrou. Acrescentar as cebolas, deixar murchar e juntar o frango. Adicionar o grão-de-bico e a água fervente. Temperar com pimenta síria. Deixar secar e servir com salada. Este prato pode ser feito também com pernil, em vez de frango.

Berinjela com *tahine*

4 berinjelas grandes
1 colher (sopa) cheia de *tahine*
½ colher (sopa) rasa de sal de alho
suco de 1 limão
1 colher (sopa) de azeite
salsa picada

Assar as berinjelas diretamente sobre a boca do fogão, virando de vez em quando até ficarem macias. Descascar e lavar bem, sem deixar nenhum vestígio de casca. Escorrer. Amassar com um garfo até formar uma pasta. Temperar com o *tahine*, o sal de alho e o suco de limão. Colocar numa travessa, regar com azeite e enfeitar com salsa. Servir bem gelado.

Cabrito à moda árabe

1 kg de carne de cabrito em pedaços
sal e alho a gosto
pimenta síria a gosto
1 colher (sopa) de sal
1 colher (sopa) de alho
2 colheres (sopa) rasas de *tahine*
suco de 2 limões

Temperar o cabrito com sal, alho e pimenta síria. Cozinhar na panela de pressão por uns 20 minutos. Fazer um molho com o sal, o alho, o *tahine* e o suco de limão. Regar o cabrito com este molho para servir.

Carneiro ao molho de hortelã

1 perna de carneiro (traseiro)
sal de alho a gosto
6 colheres (sopa) de vinagre
pimenta-do-reino e pimenta-malagueta
4 dentes de alho
1 copo de vinho branco seco
2 maços de hortelã socados
suco de 2 limões
2 colheres (sopa) de azeite

Temperar o carneiro com sal de alho, vinagre e pimenta. Regar com óleo. Furar a carne e inserir os dentes de alho. Cobrir com papel-alumínio e levar ao forno para assar. Quando estiver macia, retirar o papel-alumínio e regar com o vinho branco. Deixar no forno por mais ½ hora. Enquanto isso, preparar o molho, misturando a hortelã, o suco de limão, o azeite e sal de alho. Servir em uma molheira à parte, acompanhando a carne.

Charutos de folhas de uva

30 folhas de uva tenras
300 g de carne de porco moída
1 cebola picada
sal e alho a gosto
pimenta síria e pimenta-do-reino a gosto
1 xícara (chá) de arroz cru e lavado
azeite de oliva

Lavar as folhas de uva e mergulhar numa panela com água quente para murcharem. Escorrer e reservar. Refogar ligeiramente a carne com cebola, sal, alho e pimenta. Misturar ao arroz. Colocar porções de recheio no centro das folhas, dobrar as laterais e enrolar como charutos. Forrar o fundo de uma panela com folhas de uva. Dispor os charutos bem juntinhos e cobrir de água com sal. Levar ao fogo e, quando estiver quase cozido, regar com azeite para dar o brilho característico.

Esfiha assada

1 ovo
2 copos de água
25 g de fermento biológico
2 colheres (sopa) bem cheias de banha
1 colher (café) de sal
1 pitada de açúcar
farinha de trigo
½ kg de carne moída crua, metade de boi, metade de porco
1 cebola picada
sal e pimenta-do-reino a gosto
azeitonas

Para a massa, misturar o ovo, a água, o fermento, a banha, o sal, o açúcar e a farinha até adquirir ponto firme. Sovar a massa e deixar descansar por 1 hora.

Enquanto a massa descansa, preparar o recheio, misturando a carne moída, a cebola, sal, pimenta-do-reino e azeitonas. Misturar tudo sem levar ao fogo.

Fazer bolinhas de massa, do tamanho que desejar que as *esfihas* fiquem. Deixar descansar. Amassar cada bolinha com os dedos, colocar o recheio, fazendo as trouxas e fechar do jeito característico da *esfiha*, em três pontas. Assar em tabuleiro untado com óleo, em forno brando até corar.

Quibe cru

½ kg de trigo para quibe
1 kg de carne de primeira moída
2 colheres (sopa) de hortelã
2 colheres (sopa) de manjericão
2 pimentões vermelhos
2 ou 3 cebolas picadas
100 g de toucinho defumado
sal a gosto
pimenta síria a gosto

Colocar o trigo em um recipiente com água morna (o suficiente para cobri-lo) e deixar de molho por 2 horas. Escorrer e espremer para tirar toda a água. Numa tigela, misturar bem o trigo, a carne e os demais ingredientes (exceto sal e pimenta). Em seguida, passar a mistura na máquina de moer e temperar com sal e pimenta, umedecendo ligeiramente com água filtrada. Arrumar numa travessa e servir com cebola, salada de tomate, azeite e pão sírio.

Quibe frito

1 kg de trigo para quibe
1 kg de carne de primeira moída
3 cebolas picadas
2 colheres (sopa) de hortelã
2 colheres (sopa) de manjericão
sal a gosto
pimenta síria a gosto
100 g de azeitonas verdes sem caroço

Colocar o trigo em um recipiente com água morna (o suficiente para cobri-lo) e deixar de molho por 2 horas. Escorrer e espremer para tirar toda a água. Misturar o trigo, ½ kg de carne, 2 cebolas, a hortelã e o manjericão. Passar na máquina de moer e temperar com sal e pimenta. Reservar essa massa.

Preparar o recheio, refogando a carne e a cebola restantes em óleo aquecido. Por último, adicionar as azeitonas.

Moldar os quibes abrindo porções de massa na palma da mão e enrolando no dedo indicador. Rechear com carne e fechar. Fritar em óleo bem quente até dourar por igual.

Tabule

½ kg de trigo para quibe
4 cebolas picadas
8 tomates picados
4 pepinos picados
2 maços de salsa picados
2 maços de hortelã picados
2 maços de cebolinha verde picados
2 ou 3 limões
azeite, sal e pimenta-do-reino a gosto

Cobrir o trigo com água morna ou quente e deixar de molho por 2 horas. Escorrer toda a água e espremer bem. Misturar a cebola, o tomate, o pepino, a salsa, a hortelã e a cebolinha com o trigo. Temperar com suco de limão, azeite, sal e pimenta. Deixar alguns minutos na geladeira. Servir sobre folhas de alface.

Pudim de Amôr

1 libra de assucar, 1 coco ralado 2 colheres de manteiga 6 ovos, cosinha-se em banho Maria em formas untadas com manteiga.

Pudim Iolanda

Com meia garrafa de leite mistura-se 4 colheres de f. de trigo e leva-se ao fogo até engrossar, depois de frio ajunta-se 2 colheres de manteiga 4 gemas um quarto de assucar, pasas e amendoim cascados.

Pudim Republicano

Bate-se 9 gemas com uma libra assucar, 1 colher de manteiga coco ralado e 1 pouco de agua.

Pudim de Gemas

1 pão grande ensopado no leite e, 1 na peneira ajuntando depois de batido 22 gemas com ½ libra assucar, 3 colheres de manteiga com passas.

Doces de tacho, cremes e pudins

As sobremesas após o almoço se alternavam entre pudins, compotas – as mais diversas e criativas – e doces de tacho, como o de goiaba, a cocada e a mangada. Tudo feito em fogão "de" lenha.

O tacho grande, de cobre, foi comprado dos ciganos que armaram suas tendas nos arredores da cidade. Era tratado como uma jóia da família. Areado pela Delira, nossa fiel empregada, brilhava sobre a lenha acesa. Um espetáculo para os olhos e principalmente para o olfato: a casa toda exalava o cheiro bom do doce, que, como o pé-de-moleque, dali a pouco seria derramado na pedra de mármore da pia para esfriar. Uma espera torturante para todos...

E, pelo menos para nós, melhor que tudo isso era a raspa do tacho, disputada vorazmente pelas crianças, para ver quem metia a colher primeiro, nas bordas e no fundo da panela, mãos e bocas meladas naquela luta renhida!

Alguns daqueles doces estão aqui, de presente para você.

Ambrosia fácil

- 1 lata de leite condensado
- 1 lata de leite
- 4 gemas ligeiramente batidas
- 4 claras ligeiramente batidas

Misturar o leite condensado com o leite e levar ao fogo, durante uns 20 minutos, sem parar de mexer. Acrescentar as gemas, mexer e, em seguida, adicionar as claras. Cozinhar mais uns 5 minutos.

Depois de frio, colocar em um recipiente de vidro.

Benedito Valadares

- 10 folhas de gelatina branca
- 1 folha de gelatina vermelha
- ½ kg de açúcar
- ½ copo de cachaça
- 1 colher (sopa) de essência de abacaxi

Dissolver as folhas de gelatina em ½ copo de água fervente. Acrescentar o açúcar e a cachaça e levar para ferver, num tacho, até obter o ponto de pasta. Retirar do fogo, adicionar a essência e despejar em tabuleiro untado com manteiga. Depois de frio, levar à geladeira. No dia seguinte, cortar em quadradinhos e passar em açúcar refinado.

Caçarola italiana

12 colheres (sopa) de açúcar
1 colher (sopa) de manteiga
5 ovos (claras e gemas batidas separadamente)
8 colheres (sopa) de queijo parmesão ralado
5 colheres (sopa) cheias de farinha de trigo
1 litro de leite
canela em pau a gosto

Juntar o açúcar e a manteiga numa tigela e bater bem. Bater as claras em neve, adicionar as gemas e acrescentar à primeira mistura. Colocar o queijo ralado e a farinha. Misturar bem. Ferver o leite com os pedaços de canela e adicioná-lo, bem quente, à mistura. Levar ao fogo até engrossar um pouco, mexendo sem parar. Despejar em fôrma untada com manteiga e levar para assar. Pode-se assar em banho-maria, em fôrma caramelizada.

Cocadas de aranhas

1 coco grande descascado
1 kg de açúcar cristal
1 clara

Cortar o coco em fatias finas e compridas e deixar de molho em água fria para não murchar. Fazer uma calda firme com o açúcar cristal e refinar com a clara. Deixar no fogo até engrossar. Mergulhar as fatias de coco na calda e misturar com um garfo. Retirar as porções e deitar num tabuleiro forrado com uma fina camada de açúcar cristal. Levar ao sol para secar.

Compota de goiaba

2 kg de goiabas maduras
½ kg de açúcar cristal
2 copos de água

Lavar e descascar as goiabas, cortar ao meio e retirar as sementes. Num tacho, levar ao fogo o açúcar e a água, para fazer uma calda. Quando atingir o ponto de bala, colocar as goiabas e deixar cozinhar até amaciar. Depois de esfriar, servir numa compoteira ou guardar em potes.

Creme do céu

6 ovos inteiros batidos
6 colheres (sopa) de açúcar
suco de 2 laranjas médias
1 copo de leite
2 colheres (sopa) rasas de maisena

Misturar bem os ovos com o açúcar e adicionar o suco de laranja e o leite. Dissolver a maisena em um pouco de água fria e incorporar. Despejar em fôrma untada com calda de açúcar queimado e levar para assar em banho-maria.

Doce de abóbora

1 kg de abóbora descascada
1 kg de açúcar
essência de baunilha e canela a gosto

Cortar a abóbora em pedaços e levar ao tacho, junto com 1 xícara (chá) de açúcar. Quando estiver bem cozida, passar por uma peneira e levar de volta ao tacho, com o açúcar restante. Adicionar a baunilha e a canela e deixar cozinhar até aparecer o fundo do tacho. Despejar numa superfície fria untada e cortar em quadradinhos. Se preferir, enrole a massa em bolinhas.

Doce de coco amarelinho

4 xícaras (chá) de açúcar
2 xícaras (chá) de água
4 gemas
1 coco ralado
1 colher (chá) de manteiga

Fazer uma calda de açúcar até o ponto de bala mole. Deixar esfriar. Desmanchar as gemas na calda fria. Levar ao fogo e, quando começar a ferver, adicionar o coco ralado e a manteiga. Tirar do fogo e colocar numa compoteira com tampa.

Doce de leite farrapo

2 litros de leite
2 xícaras (chá) de açúcar
1 pitada de bicarbonato
2 ovos batidos

Misturar bem o leite, o açúcar e o bicarbonato num tacho ou panela grande. Deixar ferver até o ponto de um creme ralo. Adicionar os ovos, mexendo para ficar em farrapos. Tirar logo do fogo, para o ovo não ficar duro. Colocar em uma compoteira e servir com queijo mineiro.

Doce de uvas

1 kg de uvas pretas azedas e fervidas
8 colheres (sopa) de açúcar
1 colher (sopa) bem cheia de maisena
1 colher (café) de fermento químico
6 gemas
½ litro de leite fervente
essência de baunilha a gosto

Passar as uvas pela peneira e retirar o suco. Juntar ao suco 2 colheres bem cheias de açúcar, a maisena dissolvida em um pouco de água e o fermento. Levar ao fogo sem parar de mexer, até obter a consistência de mingau. Distribuir em taças e deixar gelar. Enquanto isso, preparar a cobertura, batendo as gemas com 6 colheres de açúcar, até o ponto de gemada. Adicionar o leite, misturar bem e, em seguida, acrescentar a baunilha. Depois de fria, distribuir sobre o creme de uvas e levar novamente para gelar.

Gelatina rei Alberto

1 abacaxi em rodelas
3 xícaras (chá) de açúcar
6 folhas de gelatina branca
4 folhas de gelatina vermelha
3 claras
1 colher (café) de essência de baunilha
cerejas em calda para enfeitar

Levar o abacaxi ao fogo com 2 xícaras de açúcar. Cozinhar em fogo baixo até obter um doce bem concentrado, com a calda mais ou menos grossa. Reservar. Dissolver as gelatinas em 2 xícaras (chá) de água quente. Adicionar ao doce de abacaxi e ferver por 5 minutos. Deixar esfriar, colocar em taças individuais e levar à geladeira para endurecer. Bater as claras em neve (até o ponto de suspiro) e adicionar 1 xícara de açúcar e a baunilha. Distribuir um pouco em cada taça e enfeitar com cereja. Voltar para a geladeira. Deve ser servido bem gelado.

Lealdade

12 claras
12 gemas
1 kg de açúcar
1 litro de leite

Bater as claras em neve, até obter o ponto de suspiro, e incorporar as gemas. Bater um pouco. Fazer uma calda em ponto de fio e juntar o leite e os ovos, mexendo sempre até talhar. Talhando, o doce está pronto.

Mangada

100 mangas-ubá
1 kg de açúcar cristal

Lavar e descascar as mangas. Passar por uma peneira de furos grandes para obter uma massa cremosa. Despejar a massa em um tacho, juntar o açúcar, misturar levemente e levar ao fogo. Mexer com uma colher de pau até aparecer o fundo do tacho. Colocar uma colherada do doce numa caneca com água para verificar o ponto. A massa deve boiar na caneca; se, ao contrário, desmanchar na água, cozinhar mais um pouco e repetir a operação. Quando estiver no ponto, retirar do fogo e despejar em tabuleiros ou em caixotinhos forrados com folha de bananeira. Deixar para cortar no dia seguinte. Embrulhar em celofane.

Manjar delícia

1 litro de leite + 1 copo
1 lata de leite condensado
4 colheres (sopa) de açúcar
1 pitada de sal
1 xícara (chá) cheia de maisena
2 garrafinhas de leite de coco
1 lata pequena de ameixas-pretas em calda

Em uma caçarola, colocar 1 litro de leite, o leite condensado, o açúcar e a pitada de sal. Mexer um pouco e depois levar ao fogo. Antes de levantar fervura, misturar à parte 1 copo de leite frio com a maisena e despejar aos poucos na panela, mexendo até ferver (deixar ferver por 5 minutos). Despejar o leite de coco. Ferver por mais 5 minutos.

Colocar em fôrma umedecida e untada com óleo. Decorar com as ameixas em calda.

Se preferir, fazer meia receita. Dá uma boa quantidade.

Ovos queimados

1 prato fundo de açúcar
8 ovos batidos
1 copo de leite
suco de 1 laranja
canela em pó

Fazer uma calda com o açúcar e reservar a metade. Na outra metade que ficou na panela, derramar os ovos. Adicionar o leite e revirar devagar com uma escumadeira até queimar. Acrescentar a calda reservada, o suco de laranja e a canela e deixar ferver por 1 minuto. Retirar do fogo e despejar numa compoteira.

Pudim de abóbora madura

½ kg de abóbora madura
3 ovos
1 xícara (chá) de leite
3 xícaras (chá) de açúcar
1 xícara (chá) de farinha de trigo
1 colher de manteiga

Cozinhar a abóbora na água com 1 pitada de sal e retirar a casca. Bater no liquidificador com os demais ingredientes. Despejar em fôrma caramelizada e levar para assar em banho-maria.

Pudim de batata-doce

2 xícaras (chá) de batatas-doces cozidas e espremidas
2 xícaras (chá) de açúcar
1 xícara (chá) de leite
2 colheres (sopa) de manteiga
1 xícara (chá) de farinha de trigo
3 gemas
3 claras em neve
açúcar com canela

Misturar os ingredientes, exceto o açúcar com canela, e assar em forminhas untadas com manteiga.

Polvilhar com açúcar e canela.

Pudim de coco

1 coco pequeno
400 g de açúcar
3 ovos inteiros
3 gemas
1 copo de leite
1 colher (sopa) cheia de manteiga
1 colher (sopa) cheia de maisena
1 pitada de sal

Bater bem todos os ingredientes e despejar a massa em fôrma caramelizada. Assar em banho-maria.

Pudim de pão com banana

8 fatias de pão de fôrma, sem casca
bananas-prata ou bananas-maçã cortadas em fatias finas
canela a gosto
4 ovos inteiros
2 xícaras (chá) de açúcar
4 xícaras (chá) de leite
essência de baunilha

Untar uma fôrma com manteiga. Passar manteiga nas fatias de pão e dispor metade delas no fundo da fôrma. Cobrir com as bananas picadas, salpicar canela e finalizar com outra camada de pão.

Bater os ovos, o açúcar, o leite, canela e algumas gotas de essência de baunilha. Espalhar essa mistura sobre o pão. Assar em banho-maria por aproximadamente 40 minutos.

Pudim que não vai ao fogo

1 lata de leite condensado
1 lata de creme de leite
1 lata de leite de vaca fervente
1 caixinha de maria-mole

Bater tudo no liquidificador e despejar em fôrma caramelizada. Deixar gelar.

"Bolo Americano"

1 chicara de leite, 2 de manteiga, 3 chicaras de f. Bate-se os ovos e o assucar resto e leve ao forno em tadas com manteiga.

"Bolo Republicano"

leite, 2 ... copos de assucar f. de trigo, 2 colherz de banha e 1 de bicarb...

"Bolo Magestoso"

... f de trigo, 2 de 1 de manteiga, 1 de leite , 2 ovos meia colherinha Bate-se os ovos com o assucar ajunte o restō e no quente em formas manteiga

2 cocos escaldam-danapo; e leite, en leite em assucar de maize e 1 delas e leva-se creme. Arru manteiga, outra de 200 grs. de manteig Mistura-se ga; em seg as claras f. de trigo. Goiabada arruma-

Bolos do dia-a-dia

Majestade e Imperial, do tempo em que rei era soberano. Ou Republicano, quando ele deixou de ser.

Para os céus, o Divino, e para o inferno, o do Diabo.

Virtuoso, Miscelânea, Beleza do Brasil, Orelha de cachorro... Existem aqueles que receberam os nomes das suas autoras, Vitória, Maricota, Yeda, Alice, Madalena. E, ainda, Celia e Celma, criados por nossa mãe coruja.

Há uma infinidade de bolos, tão grande quanto a criatividade para batizá-los.

Em nossa casa, nunca faltavam. Largávamos os deveres da escola e as brincadeiras no terreiro e, de mansinho, rodeávamos mamãe já na hora do preparo, esperando pela oportunidade aventurosa de mergulhar o dedo na massa e sair correndo, para safar-nos dos puxões de orelha.

E não precisava ser bolo de festa. Bastava ser bolo, e já era festa.

Bolo beleza do Brasil

6 gemas
3 claras batidas em neve
1 colher (sopa) de manteiga
½ xícara (chá) de açúcar
1 xícara (chá) de farinha de trigo peneirada
½ litro de leite
1 colher (sopa) de fermento químico

Bater as gemas com a manteiga e adicionar o açúcar. Continuar batendo, acrescentando a farinha, o leite, o fermento e, por último, as claras. Despejar em fôrma untada e assar em forno médio.

Bolo Chiquinho

4 ovos
3 xícaras (chá) de açúcar
3 xícaras (chá) de farinha de trigo
1 xícara (chá) de manteiga
1 colher (chá) de fermento químico

Bater os ovos com o açúcar até o ponto de gemada e adicionar o restante dos ingredientes. Misturar tudo e assar em fôrma untada com manteiga em forno alto até a massa crescer e depois em forno médio até corar.

Bolo de amendoim

- 4 ovos
- 2 xícaras (chá) de açúcar refinado
- 1 colher (sopa) de manteiga
- 2 colheres (sopa) de chocolate em pó
- 1 prato raso de amendoim torrado, descascado e moído
- 4 colheres (sopa) rasas de farinha de trigo
- 1 pouco de leite (se precisar)
- 1 colher (chá) de fermento químico

Bater as claras em neve e adicionar as gemas e o açúcar. Acrescentar a manteiga, o chocolate e o amendoim. Bater bem e juntar a farinha e o fermento. Se a massa ficar muito seca, acrescentar um pouco de leite. Levar para assar (não abrir o forno por 10 minutos) em fôrma untada. Cortar em quadradinhos e passar açúcar.

Bolo de coco

- 200 g de margarina
- 3 xícaras (chá) de açúcar
- 5 ovos (claras em neve)
- 2 xícaras (chá) de farinha de trigo peneirada
- 1 copo de leite
- 1 colher (sopa) de fermento químico
- 100 g de coco ralado
- 1 vidro pequeno de leite de coco

Bater a margarina com 2 xícaras de açúcar, até obter uma massa lisa. Juntar as gemas e bater até a massa ficar clara. Acrescentar a farinha, o leite, o fermento e bater bem. Adicionar o coco ralado e as claras; misturar sem bater. Assar por 45 minutos, aproximadamente, em tabuleiro médio untado. Enquanto isso, levar ao fogo o leite de coco com 1 xícara de açúcar. Deixar ferver até dissolver o açúcar. Retirar o bolo do forno, fazer vários furos com um garfo e espalhar a calda. Depois de frio, cortar em pedaços e servir.

Bolo de laranja

1 laranja picada com casca, sem sementes
4 gemas
4 claras batidas em neve
1 xícara (chá) de óleo
2 xícaras (chá) de farinha de trigo
2 xícaras (chá) de açúcar
1 colher (sopa) de fermento químico
1 pitada de sal

Bater a laranja, as gemas e o óleo no liquidificador. Transferir para outro recipiente e acrescentar a farinha, o açúcar, o fermento, o sal e as claras. Misturar bem, despejar em fôrma untada e levar para assar.

Bolo de mandioca

3 gemas
1 ovo inteiro
3 colheres (sopa) cheias de açúcar
2 colheres (sopa) de manteiga
1 kg de mandioca ralada crua
1 coco médio ralado
1 lata de leite condensado
2 litros de leite

Bater os ovos com o açúcar até obter um creme esbranquiçado. Juntar a manteiga e continuar a bater. Acrescentar os demais ingredientes e misturar bem. Despejar em fôrma de pudim, untada com manteiga. Assar em forno quente, preaquecido, até dourar.

Bolo do diabo

- 2 xícaras (chá) de açúcar
- 3 ovos
- 1 xícara (chá) de manteiga
- 2 xícaras (chá) de farinha de trigo
- 1 colher (café) cheia de fermento químico
- ½ xícara (chá) de leite
- 1 xícara (chá) de chocolate em pó

Bater bem o açúcar com os ovos e a manteiga. Continuar batendo, acrescentando a farinha, o fermento, o leite e o chocolate. Assar em forno médio, em fôrma untada.

Bolo fofo de nozes

- 6 gemas
- 6 claras batidas em neve
- 250 g de açúcar
- 250 g de nozes moídas
- 4 colheres (sopa) de farinha de rosca
- 1 colher (chá) de fermento químico
- 1 lata de creme de leite

Bater as gemas com o açúcar até virar um creme. Acrescentar as nozes moídas, a farinha de rosca, o fermento e as claras. Misturar e espalhar a massa num tabuleiro untado com manteiga. Assar em forno quente. Depois de frio, desenformar e, com o auxílio de uma linha, cortar o bolo em duas ou três camadas. Rechear a gosto (por exemplo, com doce de leite), cobrir com creme de leite e confeitar com nozes inteiras.

Bolo Madalena

3 ovos
2 xícaras (chá) de açúcar
2 ½ xícaras (chá) de farinha de trigo
2 colheres (chá) de fermento químico
1 colher (sopa) de manteiga
1 xícara (chá) de leite

Bater as claras em neve e adicionar as gemas. Em outro recipiente, misturar o açúcar com a farinha e o fermento e, então, acrescentar a manteiga e o leite. Juntar os ovos e continuar batendo por 5 minutos. Levar ao forno brando em fôrma untada com manteiga.

Bolo majestade

2 ovos
1 xícara (chá) de manteiga
2 xícaras (chá) de açúcar
2 xícaras (chá) de farinha de trigo
1 xícara (chá) de leite
1 xícara (chá) de maisena
½ colher (chá) de bicarbonato

Bater os ovos com a manteiga e o açúcar. Juntar e misturar o restante dos ingredientes e levar ao forno quente, em fôrma untada com manteiga.

Bolo mármore

2 xícaras (chá) de açúcar
2 colheres (chá) de fermento químico
1 xícara (chá) de manteiga
4 ovos batidos
3 xícaras (chá) de farinha de trigo
1 xícara (chá) de leite
2 colheres (sopa) de chocolate em pó

Bater muito bem o açúcar, o fermento e a manteiga. Adicionar os ovos e a farinha de trigo. Misturar bem e acrescentar o leite. Bater mais, separar um pouco da massa e acrescentar o chocolate em pó. Em fôrma untada com manteiga, colocar camadas da massa com chocolate e da massa branca. Levar para assar em forno brando.

Bolo miscelânea

5 ovos (claras em neve)
2 ½ xícaras (chá) de açúcar
200 g de margarina ou manteiga
3 xícaras (chá) de farinha de trigo
1 ½ copo de leite
1 xícara (chá) de maisena
1 cálice de rum
1 colher (sopa) de raspas de limão
1 colher (sopa) de fermento químico
1 colher (chá) de canela
noz-moscada ralada
1 xícara (chá) de uvas-passas polvilhadas de farinha
1 xícara (chá) de nozes moídas
2 maçãs cortadas em cubinhos

Bater as gemas com o açúcar e a margarina (ou manteiga). Acrescentar a farinha, o leite, a maisena, o rum e as raspas de limão. Bater e juntar o restante dos ingredientes, deixando as claras por último. Assar em fôrma alta untada.

Bolo republicano

2 copos de açúcar
2 colheres (sopa) de manteiga
2 colheres (sopa) de óleo
2 copos de farinha de trigo
1 copo de leite
1 colher (sopa) de bicarbonato

Bater o açúcar, a manteiga e o óleo. Adicionar a farinha, o leite e o bicarbonato. Misturar tudo, despejar em fôrma untada e assar em forno quente.

Bolo saboroso

4 ovos
2 copos de açúcar
1 copo de manteiga
1 colher (sopa) rasa de fermento químico
1 vidro de leite de coco
3 copos de farinha de trigo

Bater as gemas com o açúcar e a manteiga. Misturar o fermento e adicionar as claras em neve. Acrescentar o leite de coco e, por último, a farinha. Misturar, colocar em fôrma untada e assar em forno quente.

Bolo sem farinha

1 lata de leite condensado
4 ovos
100 g de coco ralado
1 colher (chá) de fermento químico

Bater os três primeiros ingredientes no liquidificador, acrescentar o fermento e misturar. Assar em fôrma untada até dourar.

Bolo sem leite

6 ovos
6 colheres (sopa) de açúcar
6 colheres (sopa) de chocolate em pó
6 colheres (sopa) de coco ralado
6 colheres (sopa) de farinha de trigo
1 colher (sopa) de fermento químico

Bater tudo no liquidificador, adicionando o fermento por último. Assar em tabuleiro untado.

Bolo sem ovos

3 colheres (sopa) de manteiga
4 xícaras (chá) de açúcar
4 xícaras (chá) de farinha de trigo
4 xícaras (chá) de leite de coco
1 colher (chá) de baunilha
2 colheres (sopa) de suco de limão
2 colheres (sopa) de raspas de casca de limão
1 colher (sopa) de fermento químico
canela em pó a gosto

Misturar os ingredientes, exceto o fermento e a canela, e bater bem. Adicionar o fermento e mexer ligeiramente. Despejar em fôrma untada e polvilhar canela por cima da massa crua. Assar até dourar.

Cuca de bananas

5 colheres (sopa) de açúcar
2 colheres (sopa) de manteiga
2 ovos
1 xícara (chá) de leite
10 colheres (chá) de farinha de trigo
½ colher (chá) de sal
1 colher (chá) de fermento químico
bananas-prata em fatias
açúcar com canela

Bater o açúcar com a manteiga e adicionar os ovos. Acrescentar o leite, a farinha e o sal e misturar bem. Juntar o fermento e mexer ligeiramente. Despejar em um tabuleiro pequeno untado. Dispor as bananas sobre a massa e polvilhar com a mistura de açúcar e canela. Levar ao forno para assar.

Orelha de cachorro

3 ovos
1 xícara (chá) de polvilho azedo
½ xícara (chá) de óleo
1 pitada de sal

Bater todos os ingredientes no liquidificador. Despejar em tabuleiro médio untado e levar para assar. Comer quente.

mmas de farinha | polvilhado, isto é, polvilha-se com am
e batatas — 12 | mas antes de ir ao forno. Depois de l
| pedacinhos.

assucar, misturando, | — 2/ Bolo Um, Dois, Tre
inho e a fecula. | 1 chicara de manteiga — 1 de le
dos com manteiga. | car — 3 de farinha de trigo — 4 ou
| Batem-se bem e junta-se 1 c
| inglés. Forma untada com man

tatãs — | 2/ Bolo Magda
possadas em peneira |
500 grammas de as- | 250 grammas de farinhas de trigo —
eiga — ½ copo de leite. | assucar — 3 ovos — 1 chicara de
| manteiga — 1 colher de fermen
| como para pão de ló. Forma u
com o assucar, juntam- | forno quente.
xidos, o leite e por ultimo |
s untadas com manteiga. |

| 2/ Beijinhos

r bem cheia de manteiga — | Batem-se 3 ovos com clar
s de trigo —. 1 copo de leite. | juntam-se duas chicaras
manteiga e em seguida os | maizena, 1 de leite, 1 d
to boleiro, | bicarbonato de sodio e ½
| mistura-se tudo bem

Doces festivos

Como papai era fotógrafo profissional, nossos aniversários estão todos registrados no álbum de fotografias da família. A cada ano, lá estamos nós, iguaizinhas em nossos vestidos e enfeites de cabeça, fazendo pose, ladeadas pelos convidados. Mas o que rouba a atenção é a variedade imensa de doces sobre a mesa: losangos de doce de leite, bolinhas de doce de coco e de queijo, queijadinhas, canudinhos, cajuzinhos, balas de coco enroladas em papel crepom.

Durante o mês de junho, nas comemorações de São João, não faltavam os pés-de-moleque, o doce de batata, o de mamão e o de abóbora.

Era sempre com alegria que nós duas, quando meninas, fazíamos aquele "mandado" especial pra mamãe: buscar com a dona Alice os docinhos feitos sob encomenda para rechear os cartuchos da nossa coroação de Nossa Senhora, em maio, ou para os aniversários de casa.

Dona Alice Luderer era, então, a doceira mais requisitada da cidade. Outras a precederam, outras tantas a sucederam, e nunca – daquela ocasião até hoje – deixamos de usufruir dos serviços dessas artistas de forno e fogão.

Atualmente, quando vamos à terra natal, encomendamos à dona Xandoca um cento de seus famosos canudinhos, tudinho só para nós duas!

A ela e às inesquecíveis dona Alice Luderer, dona Linda Haikal, dona Maria Nogueira, dona Terezinha Lauria, que contribuíram tanto para adoçar nossas vidas, nossa homenagem carinhosa com este capítulo.

Biribas ou Getúlio

2 latas de leite condensado
1 coco grande ralado
1 colher (sopa) de manteiga ou margarina
2 claras batidas
2 gemas batidas
uvas-passas sem sementes

Misturar bem os ingredientes e despejar a massa em forminhas de alumínio forradas com forminhas de papel. Colocar uma uva-passa no centro de cada uma e corar ligeiramente no forno.

Bolinhos de queijo

5 ovos
1 xícara (chá) de farinha de trigo
1 colher (sopa) de fermento químico
3 xícaras (chá) de açúcar
1 xícara (chá) de leite
½ queijo mineiro curado, ralado

Bater as claras em neve e depois adicionar as gemas. Juntar os demais ingredientes, misturar tudo e despejar em forminhas untadas. Levar para assar, em forno quente, até corar. Passar depois numa mistura de açúcar com canela.

Bom-bocado

½ dúzia de ovos (claras batidas)
2 pires de açúcar
cravo e canela
2 colheres (sopa) de manteiga
1 pires de queijo ralado
1 pires de coco ralado
½ pires de farinha de trigo

Juntar as gemas e as claras e bater. Fazer uma calda bem grossa com açúcar, cravo e canela. Deixar esfriar completamente e juntar aos ovos. Misturar tudo e acrescentar a manteiga. Bater mais e adicionar o queijo ralado, sem parar de mexer. Acrescentar o coco ralado e a farinha de trigo e misturar. Untar as forminhas com manteiga, despejar a massa e assar em forno brando.

Bombom da Ita

1 coco ralado
1 lata de 1 kg de doce de leite
3 ovos inteiros
2 colheres (sopa) de mel
uvas-passas

Misturar os ingredientes e levar ao fogo até desprender do fundo da panela. Depois de frio, enrolar e rechear com as uvas-passas. Passar no açúcar.

Bombom de ameixas

1 litro de leite
1 xícara (chá) de açúcar
200 g de ameixas-pretas
nozes moídas
uvas-passas
3 gemas
½ colher (sopa) de manteiga
geléia de morango
1 tablete de chocolate raspado
2 tabletes de manteiga de cacau raspada
1 tablete de parafina ralada

Levar ao fogo o leite com o açúcar e cozinhar até obter um doce mole. Ainda no fogo, acrescentar as ameixas (passadas no processador), as nozes, as uvas-passas e as gemas. Adicionar a manteiga e mexer até desgrudar do fundo da panela. Deixar esfriar. Fazer os bombons e rechear com geléia de morango. Em banho-maria, dissolver o chocolate e a manteiga de cacau. Quando derreter completamente, acrescentar a parafina. Passar os bombons, um a um, nessa cobertura. Retirar com um garfo, dispor sobre uma assadeira e deixar secar.

Bombom de biscoitos

3 latas de leite condensado
250 g de biscoitos do tipo Maria moídos
1 xícara (chá) de mel
1 gema
1 colher (sopa) de manteiga
200 g de ameixas-pretas
200 g de amendoim torrado sem casca
1 tablete de chocolate raspado
2 tabletes de manteiga de cacau raspada
1 tablete de parafina ralada

Levar ao fogo o leite condensado, os biscoitos, o mel, a gema e a manteiga. Mexer até soltar do fundo da panela. Deixar esfriar. Enrolar os bombons e rechear com um pedaço de ameixa e um amendoim torrado. Deixar secar. Em banho-maria, dissolver o chocolate e a manteiga de cacau. Quando derreter completamente, acrescentar a parafina. Passar os bombons, um a um, nessa cobertura. Retirar com um garfo, dispor sobre uma assadeira e deixar secar.

Brigadeiro de nozes

1 lata de leite condensado
½ lata de leite
1 colher (sopa) de maisena
2 colheres (sopa) de achocolatado
½ xícara (chá) de nozes moídas
2 colheres (sopa) de manteiga
chocolate granulado

Levar os ingredientes (exceto o chocolate granulado) ao fogo brando e mexer sem parar, até o ponto de despregar da panela. Depois de esfriar, enrolar em bolinhas e passar no chocolate granulado.

Canudinhos

1 colher (sopa) de açúcar
1 xícara (chá) de água morna
½ concha de óleo
1 gema
3 xícaras (chá) de farinha de trigo
4 xícaras (chá) de óleo para fritar

Misturar o açúcar com a água, o óleo e a gema. Acrescentar a farinha e amassar bem, até obter uma massa lisa. Deixar descansar por 15 minutos. Abrir a massa numa espessura bem fina, cortar em tiras de 1 cm e enrolar em canudos de metal. Deixar a borda livre para facilitar a retirada do canudo. Fritar em óleo bem quente, até ficarem corados. Retirar da forminha. Rechear com doce de leite.

Canudinhos assados

7 colheres (sopa) de farinha de trigo
1 colher (sopa) de manteiga ou margarina
1 colher (sopa) de banha vegetal
1 colher (café) de sal
1 colher (café) de fermento químico
leite

Misturar os ingredientes, adicionando leite até dar liga. Amassar, cobrir com um pano ou plástico e deixar descansar por ½ hora. Abrir a massa com um rolo, deixando-a bem fina. Cortar em tiras de mais ou menos 1 cm de largura e enrolar as forminhas de canudinho, sem untar. Colocar em assadeira não untada e assar em forno médio, sem deixar corar muito. Rechear com doce de leite ou de coco.

(Os canudos podem ser feitos com antecedência e guardados em vasilhas bem tampadas, mas só devem ser recheados no dia de servir, para não amolecerem.)

Doce de amendoim com coco

3 ovos inteiros batidos
½ kg de amendoim torrado, descascado e moído
½ kg de coco ralado
½ kg de açúcar

Juntar aos ovos o amendoim, o coco e o açúcar. Misturar bem. Levar ao fogo até soltar do fundo da panela. Deixar esfriar e modelar os docinhos. Se quiser como bombons, rechear com um pedaço de ameixa-preta e passar numa cobertura de chocolate.

Doce de batata-doce com gelatina

- 1 kg de batata-doce branca
- 2 envelopes de gelatina vermelha sem sabor
- 1 kg de açúcar
- 1 vidro de leite de coco pequeno

Cozinhar, descascar e espremer a batata-doce. Hidratar a gelatina com um pouco de água. Misturar todos os ingredientes e levar ao fogo até começar a soltar da panela. Despejar numa assadeira levemente untada com manteiga e levar à geladeira. No dia seguinte, cortar o doce em quadradinhos e passar em açúcar refinado.

Gelatina de pinga

- 1 caixa de gelatina a gosto
- 1 envelope de gelatina sem sabor
- 16 colheres (sopa) de água
- 7 colheres (sopa) de pinga
- 2 copos de açúcar

Misturar tudo e levar ao fogo por 8 a 10 minutos. Despejar em um refratário untado e, depois de esfriar, colocar na geladeira. No dia seguinte, cortar em quadradinhos e passar no açúcar refinado.

Lavínia

- 500 g de açúcar cristal
- 1 copo d'água
- 1 coco ralado
- 3 colheres (sopa) de manteiga
- 6 colheres (sopa) de queijo parmesão ralado
- 6 gemas
- 6 claras em neve
- 1 colher (sopa) de fermento químico
- 1 xícara (chá) de farinha de trigo

Fazer uma calda grossa com o açúcar e a água. Depois de fria, adicionar o restante dos ingredientes. Misturar bem e assar em tabuleiro untado. Cortar no dia seguinte e passar no açúcar.

Moranguinhos

- 3 folhas de gelatina vermelha sem sabor
- 1 lata de leite condensado
- 4 gemas
- 1 colher (chá) de essência de baunilha
- 1 coco ralado

Dissolver a gelatina em ½ xícara (chá) de água, em fogo brando. Misturar aos demais ingredientes e levar ao fogo, mexendo até soltar do fundo da panela. Depois de esfriar, enrolar em formato de moranguinhos.

Nhoque gaúcho

2 copos de leite
2 copos de açúcar
20 colheres (sopa) de queijo curado, ralado
3 ovos
2 colheres (sopa) de fermento químico
4 colheres (sopa) de margarina
farinha de trigo

Misturar todos os ingredientes, acrescentando farinha de trigo (mais ou menos 1 kg) até o ponto de enrolar. Deixar a massa descansar por 2 horas. Enrolar em cordões e cortar no tamanho desejado. Assar em forno quente. Enquanto isso, preparar uma calda, levando ao fogo 1 kg de açúcar com 3 copos de água. Ferver até o ponto de fio. Passar os nhoques na calda e no açúcar refinado.

Olho-de-sogra

ameixas-pretas sem caroço
2 xícaras (chá) de açúcar
1 xícara (chá) de água
cravo e canela em pau a gosto
1 coco ralado
4 gemas
1 colher (sopa) de manteiga ou margarina

Aferventar ligeiramente as ameixas para amaciá-las. Reservar. Levar ao fogo o açúcar, a água, o cravo e a canela e deixar ferver até o ponto de fio brando. Juntar o coco ralado e as gemas. Mexer até despregar da panela. Antes de tirar do fogo, adicionar a manteiga. Fazer um talho em cada ameixa e rechear com o doce de coco.

Queijadinha

- 3 colheres (sopa) de manteiga
- 5 ovos
- 2 colheres (sopa) de óleo
- 1 colher (café) de sal
- ½ xícara (chá) de leite morno
- 10 colheres (sopa) de farinha de trigo
- 1 coco ralado
- 3 xícaras (chá) rasas de açúcar refinado

Para fazer a massa, juntar 2 colheres de manteiga, 2 ovos, o óleo, o sal, o leite e a farinha de trigo. Misturar bem e deixar descansar por ½ hora. Enquanto isso, preparar o recheio, misturando a manteiga e os ovos restantes, o coco ralado e o açúcar. Com a massa, forrar forminhas de empada untadas com manteiga e acrescentar o recheio. Assar até dourar.

Quindão

- 1 kg de coco ralado
- 18 gemas
- 18 colheres (sopa) de açúcar
- 1 pires de queijo ralado
- 4 colheres (sopa) de margarina

Bater bem todos os ingredientes. Untar uma fôrma de pudim com margarina e polvilhar açúcar. Despejar a massa de quindim. Cozinhar em banho-maria numa panela tampada. Levar ao forno para dourar.

Senador Firmino

A primeira vez que passamos as férias na cidadezinha de Senador Firmino, tínhamos 13 anos. Naquele dia, chegamos amarelas de poeira, depois de uma viagem de duas horas em estrada de terra, no velho ônibus dirigido por nosso tio Dim, dono da linha Ubá–Dores do Turvo, que, feliz, levava para sua casa as sobrinhas, filhas da irmã Gioconda. Voltamos em muitas outras férias, para desfrutar do convívio daquela família alegre, que prazerosamente abria suas portas não só para nós, mas para muitos parentes e amigos.

Nossa tia Edil mantinha o fogão "de" lenha aceso o dia inteiro. De manhãzinha já preparava – cantando – os quitutes para a comilança: pães quentes e biscoitos assados, para acompanhar o leite fresco da fazenda, o café torrado e passado no coador de pano, a manteiga caseira, o queijo-de-minas frito na chapa...

No almoço, comia-se uma galinha da criação, carne de porco ou leitoa do chiqueiro doméstico. Das tripas dos suínos fazia-se a lingüiça. A banha se usava nas frituras e em algumas receitas. A pele fritava-se e era servida sequinha. Os legumes, as hortaliças e os temperos, tudo vinha da horta da casa: quiabo, batata-doce, mandioca, tomate, alface, salsa, cebolinha...

▲ Tia Edil e tio Ângelo.

Ah, e as sobremesas! Doces, compotas, pudins... À tarde, bolos e biscoitos fritos, com café. À noite, um jantar tão farto quanto o almoço, e, na hora de dormir, um café-com-leite engrossado com farinha de milho, para comer com colher.

Neste capítulo, estão algumas receitas de nossa tia, de sua irmã Cassinha e de outras donas de casa de Senador Firmino, como a Lelita e a dona Odília.

A família Carneiro era a mais numerosa da cidade. Desde que lá pisamos, passamos a conviver com muitos de seus membros. Alguns resolveram transpor as montanhas da serra da Mantiqueira e se radicaram em São Paulo. Dois dos Carneiro, devagarzinho, mineiramente, foram conquistando paulistas e brasileiros de gosto apurado, à frente do hoje consagrado restaurante Consulado Mineiro. Ao Fernando e ao Geraldo Magela, nossos primos de coração, agradecemos a gentileza em colaborar com este livro, cedendo algumas receitas de sua simpática casa.

RECEITAS SALGADAS

Bifes de lombo

1 lombo de porco cortado em bifes
manteiga
2 colheres (chá) de maisena
leite

Umedecer o lombo com água salgada. Escorrer bem. Derreter um pouco de manteiga numa frigideira e adicionar os bifes devagar. Quando estiverem quase fritos, dissolver a maisena em um pouco de leite frio e despejar sobre os bifes, mexendo até o molho engrossar.

Bolo de legumes

legumes cozidos (couve-flor, ervilha, cenoura, vagem)
1 lata de palmitos picados
sal e pimenta-do-reino a gosto
1 ½ xícara (chá) de farinha de trigo
1 colher (sopa) de queijo ralado
1 colher (sopa) de fermento químico
½ xícara (chá) de leite
1 colher (chá) de óleo
1 colher (chá) de manteiga
1 gema
1 clara em neve

Refogar rapidamente os legumes com os palmitos, o sal e a pimenta. Deixar esfriar. Em separado, misturar bem a farinha, o queijo, o fermento, o leite, o óleo, a manteiga, a gema e a clara e um pouco de sal. Numa fôrma untada, alternar camadas de massa e do refogado, sucessivamente, terminando com a de massa. Assar em forno quente.

Coelho frito

1 coelho cortado em pedaços
suco de 1 limão
1 taça de vinho branco
2 dentes de alho amassados
tomilho e louro
sal e pimenta-do-reino a gosto
maisena

Fazer um molho com o suco de limão, o vinho branco, o alho, um pouco de tomilho e louro, sal e pimenta. Acrescentar a carne ao molho e deixar por 2 horas. Retirar, passar em maisena e fritar.

Croquetes de mandioca

2 xícaras (chá) de mandioca cozida e moída
4 ovos
1 colher (sopa) de manteiga ou margarina
1 colher (café) de fermento químico
2 colheres (sopa) de queijo ralado
farinha de trigo
farinha de rosca
sal a gosto

Misturar a mandioca, 2 ovos, a manteiga, o fermento e o queijo ralado. Amassar bem e moldar os croquetes. Empanar passando primeiro em farinha de trigo, depois nos outros 2 ovos batidos com um pouco de sal e, por último, em farinha de rosca. Fritar em óleo quente.

Frango com molho à milanesa

1 frango limpo, temperado e cortado
molho de tomates
ovos batidos com sal
farinha de rosca

Fritar o frango em óleo quente, em fogo lento, até dourar. Levar para cozinhar no molho de tomates. Deixar o molho reduzir completamente. Passar cada pedaço nos ovos e na farinha de rosca. Fritar.

Lingüiça

1 kg de carne de porco moída
cebola ralada
salsa e cebolinha picadas
pimenta-do-reino e pimenta-malagueta
sal e alho a gosto
½ kg de tripas para lingüiça
fubá
suco de limão

Juntar a carne, a cebola, a salsa, a cebolinha e os temperos. Reservar.

Lavar as tripas com uma mistura de fubá e limão, virando-as pelo avesso e esfregando bem. Numa ponta da tripa, colocar um funil de diâmetro largo e empurrar a carne para dentro. Quando a tripa estiver cheia, fazer alguns furos na lingüiça com espinhos de laranja ou palitos de dente. Amarrar as pontas com barbante e pendurar para secar, de preferência em cima do fogão a lenha, sobre a fumaça.

DO CONSULADO MINEIRO
Arroz delícia

3 xícaras (chá) de arroz
1 cebola picada
sal e temperos a gosto
6 xícaras (chá) de água fervente
½ dúzia de bananas cortadas em rodelas
200 g de uvas-passas
2 maçãs verdes descascadas e cortadas em cubos
2 tomates sem pele e sem sementes
1 maço de cheiro-verde picado
400 g de queijo-de-minas ralado
5 claras em neve
queijo parmesão ralado

Refogar a cebola em óleo e adicionar o arroz, sal e temperos. Tostar bem, para preparar um arroz bem soltinho, e acrescentar a água fervente. Cozinhar em fogo baixo.

Fritar as bananas e reservar. Quando o arroz estiver pronto, juntar as uvas-passas, as maçãs, os tomates e o cheiro-verde.

Numa travessa refratária, alternar camadas de arroz, queijo-de-minas e banana, terminando com a de arroz.

Adicionar as claras em neve e polvilhar com queijo parmesão. Levar ao forno para dourar por 20 minutos.

Galinhada mineira

1 kg de coxas e sobrecoxas de frango
sal, alho e pimenta-do-reino a gosto
2 claras de ovo
20 colheres (chá) de vinagre
2 xícaras (chá) de farinha de rosca
1 kg de tomate picado
½ kg de cebola picada
1 xícara (chá) de leite
1 xícara (chá) de vinho tinto seco

Temperar o frango com sal, pimenta-do-reino e alho. Deixar por 1 hora, no mínimo, para pegar bem o tempero. Passar cada pedaço de frango nas claras misturadas com o vinagre e, em seguida, na farinha de rosca. Fritar em óleo bem quente. Reservar.

Numa panela de ferro, refogar o tomate, a cebola, alho e sal a gosto. Juntar tudo ao frango. Adicionar o leite e o vinho e deixar cozinhar por 40 minutos em fogo brando.

Servir com arroz branco e batata portuguesa bem crocante.

Moranga com carne-de-sol

1 moranga amarela
sal a gosto
200 g de carne-de-sol, cozida e desfiada
3 tomates cortados em cubos, sem pele
2 cebolas cortadas em cubo
½ maço de cheiro-verde
2 colheres (sopa) de creme de leite
½ copo de leite
200 g de requeijão
2 colheres (sopa) de manteiga

Fazer uma abertura na parte superior da moranga e reservar a tampa. Retirar as sementes e limpar. Passar uma água. Colocar a moranga numa panela com água e sal para dar uma pré-cozida. Preparar o molho com a carne-de-sol, os tomates, as cebolas, o cheiro-verde, o creme de leite e o leite. Reservar. Recobrir a parte interna da moranga com um pouco de requeijão, adicionar o molho e, por cima, o restante do requeijão. Fechar a moranga com a tampa e cobrir com manteiga. Levar ao forno para dourar por aproximadamente 40 minutos.

RECEITAS DOCES
Broinha Nair

8 colheres (sopa) de fubá fino
4 colheres (sopa) de farinha de trigo
2 a 4 colheres (sopa) de açúcar
1 colher (sopa) de fermento químico
1 colher (sopa) de manteiga
1 xícara (chá) de leite
1 pitada de sal
erva-doce a gosto
2 a 3 ovos

Misturar bem todos os ingredientes até obter uma massa homogênea. Polvilhar uma xícara de café com fubá e colocar uma pequena porção da massa. Girar a massa na xícara para formar a broinha. Repetir a operação até terminar a massa. Colocar em fôrma untada e assar em forno quente.

Cajuzinho de coco e amendoim

1 prato de amendoim moído
1 prato de coco ralado
1 prato de açúcar
2 ovos

Misturar tudo e levar ao fogo, mexendo até desprender do fundo da panela. No dia seguinte, enrolar os cajuzinhos e enfeitar uma das extremidades com um amendoim. Passar no açúcar cristal e colocar em forminhas de papel.

Casquinhas com doce

300 g de farinha de trigo
150 g de manteiga
100 g de açúcar
1 ovo

Misturar todos os ingredientes e amassar bem. Forrar forminhas de alumínio sem untar, com essa massa e levar ao forno para assar. Depois de prontas as casquinhas, encher até a metade com o doce, creme ou geléia que preferir.

As casquinhas podem ser guardadas em recipientes bem fechados e recheadas na hora de servir.

Creme Ubá

1 litro de leite
3 colheres (sopa) de maisena
3 gemas bem batidas
½ colher (café) de sal
raspas de casca de 1 limão pequeno
açúcar a gosto

Misturar tudo e levar ao fogo para fazer um creme. Colocar numa travessa refratária e cobrir com uma camada bem espessa de açúcar cristal. Esquentar no fogo uma concha de ferro e queimar o açúcar, formando uma casca crocante.

Estrelinhas

1 xícara (chá) de açúcar
½ xícara (chá) de manteiga
1 gema
1 clara em neve
1 colher (sobremesa) de fermento químico
1 xícara (chá) de leite
4 xícaras (chá) de farinha de trigo

Juntar o açúcar, a manteiga e a gema. Amassar até ligar. Acrescentar a clara, o fermento dissolvido no leite e a farinha de trigo. Misturar e amassar bem. Estender na mesa com o rolo e cortar com uma forminha de estrela. Levar ao forno quente em tabuleiro untado.

Depois de frias, cobrir as estrelinhas com glacê frio, feito de açúcar e caldo de limão.

Pasteizinhos Buda

200 g de queijo-de-minas fresco ralado
200 g de farinha de trigo
manteiga
goiabada amassada com um pouco de leite
açúcar com canela

Misturar o queijo, a farinha, o leite, e adicionar manteiga até o ponto de enrolar.

Abrir a massa e cortar com um cálice pequeno. No centro de cada círculo, colocar uma porção de goiabada. Dobrar o círculo, formando um pastel, e unir bem as bordas. Pincelar com gema, colocar em tabuleiro untado e polvilhado com farinha de trigo. Assar em forno brando. Depois de assados, passar os pasteizinhos na mistura de açúcar com canela.

Suflê de bananas

½ litro de leite
açúcar a gosto
3 gemas
3 claras em neve
2 colheres (sopa) de maisena
raspas de casca de 1 limão
4 bananas bem amassadas
2 colheres (sopa) de queijo parmesão ralado

Misturar o leite, o açúcar, as gemas e a maisena e levar ao fogo, até engrossar. Retirar do fogo e acrescentar as raspas de casca de limão, as bananas e o queijo ralado. Misturar bem e adicionar as claras. Assar em tabuleiro untado com manteiga.

Suspiros de amendoim

4 claras em neve
4 colheres (sopa) de açúcar refinado
1 xícara (chá) de amendoim torrado, descascado e moído

Misturar tudo. Com uma colher, distribuir porções da massa numa fôrma untada. Levar para assar em forno quente.

Índice de receitas

Ambrosia fácil, 112

Angu com almeirão, 90

Angu mole com costelinha de porco e ora-pro-nóbis, 90

Argolinhas de anjo, 23

Arroz de grão-de-bico com galinha, 105

Arroz delícia, 152

Assadinhos de arroz, 23

Bacalhoada mineira, 91

Benedito Valadares, 112

Berinjela com *tahine*, 105

Bifes de lombo, 149

Biribas ou Getúlio, 137

Biscoitinho segredo, 24

Biscoito chinês, 24

Biscoito de cerveja, 25

Biscoito de coco e nata, 25

Biscoito de farinha de arroz, 26

Biscoito de leite de coco e araruta, 26

Biscoito de nata da tia Ceição, 27

Biscoito de polvilho, 45

Biscoito de queijo, 27

Biscoito gato preto, 28

Biscoito Graça, 28

Biscoito três farinhas, 29

Bolinho de abobrinha, 74

Bolinho de arroz, 74

Bolinho de arroz e batata com queijo, 75

Bolinho de bacalhau, 75

Bolinho de baroa, 76

Bolinho de batata recheado, 76

Bolinho de cenoura, 77

Bolinho de folhas, 77

Bolinho de inhame, 78

Bolinho de mandioca com carne moída, 78

Bolinho de mandioca e queijo, 79

Bolinho de milho, 79

Bolinhos de queijo, 137

Bolinho de queijo-de-minas, 80

Bolo beleza do Brasil, 124

Bolo Chiquinho, 124

Bolo de amendoim, 125

Bolo de coco, 125

Bolo de laranja, 126

Bolo de legumes, 149
Bolo de mandioca, 126
Bolo do diabo, 127
Bolo fofo de nozes, 127
Bolo Madalena, 128
Bolo majestade, 128
Bolo mármore, 129
Bolo miscelânea, 129
Bolo republicano, 130
Bolo saboroso, 130
Bolo salgado, 92
Bolo sem farinha, 131
Bolo sem leite, 131
Bolo sem ovos, 132
Bom-bocado, 138
Bombom da Ita, 138
Bombom de ameixas, 139
Bombom de biscoitos, 139
Brevidade, 45
Brigadeiro de nozes, 140
Broa de fubá com queijo, 35
Broa de milho com coco, 35
Broa e bolo crocante, 36
Broa Vitória, 36
Broinha de fubá de canjica, 37
Broinha Nair, 153
Broinha de doze em doze, 37
Cabrito à moda árabe, 106
Caçarola italiana, 113
Caipirinha, 29
Cajuzinho de coco e amendoim, 154
Canja da mamãe, 83
Canudinhos, 140
Canudinhos assados, 141
Carneiro ao molho de hortelã, 106
Carne-seca com repolho, 93
Casadinha, 46

Casquinhas com doce, 154
Charutos de folhas de uva, 107
Cocadas de aranhas, 113
Coelho frito, 150
Compota de goiaba, 114
Costela de boi recheada, 93
Costelas no angu, 94
Cozido à mineira, 83
Creme de legumes, 84
Creme do céu, 114
Creme Ubá, 155
Crepsola, 46
Croquete à moda da Laís, 80
Croquetes de mandioca, 150
Cuca de bananas, 132
Dobradinha à moda da titia, 94
Doce de abóbora, 115
Doce de amendoim com coco, 141
Doce de batata-doce com gelatina, 142
Doce de coco amarelinho, 115
Doce de leite farrapo, 116
Doce de uvas, 116
Esfiha assada, 107
Estrelinhas, 155
Frango com molho à milanesa, 151
Frango com ora-pro-nóbis, 95
Galinhada mineira, 152
Gelatina de pinga, 142
Gelatina rei Alberto, 117
Lagarto de geladeira, 95
Lavínia, 143
Lealdade, 117
Língua de boi recheada, 96
Lingüiça, 151
Lombo na cerveja com farofa de milho, 96
Mangada, 118
Manjar delícia, 118

Massa para pastel de Piraúba, 97

Mata-fome, 47

Mingau de couve com costelinha, 84

Moranga com carne-de-sol, 153

Moranguinhos, 143

Nhoque gaúcho, 144

Olho-de-sogra, 144

Orelha de cachorro, 133

Ovos queimados, 119

Panqueca assada, 98

Pão de lingüiça, 38

Pão de queijo, 38

Pão de segundo, 39

Pãozinho de batata com queijo, 39

Pãozinho de mandioca, 40

Pãozinho de Santo Antônio, 40

Pãozinho para sanduíche, 41

Pasteizinhos Buda, 156

Peixe à Zé Gute, 98

Peixe assado com farofa de banana, 99

Picadinho de carne com creme de milho ao
forno, 100

Pudim de abóbora madura, 119

Pudim de batata-doce, 120

Pudim de coco, 120

Pudim de pão com banana, 121

Pudim que não vai ao fogo, 121

Queijadinha, 47, 145

Quibe cru, 108

Quibe frito, 108

Quindão, 145

Rocambole de arroz, 101

Rosquinha de sal amoníaco, 30

Saudades, 30

Sonho de bananas, 31

Sopa de couve com feijão, 85

Sopa de galinha para mulher parida, 85

Sopa de inhame, 86

Sopa de macarrão com feijão, 86

Sopa de mandioca, 87

Sopa de milho, 87

Sopa leve, 88

Suã com arroz e milho verde, 101

Suflê de bananas, 156

Suspiro, 48

Suspiros de amendoim, 157

Tabule, 109

Trancinha de menina, 31

Receitas cantadas

Cada vez que preparamos um prato em algum programa de televisão somos convidadas a cantar uma música de nosso repertório. Assim, tivemos a idéia de fazer versos rimados para as receitas e musicá-los, um trabalho criativo que vimos desenvolvendo há alguns anos. Gravamos, então, quinze dessas composições, que estão no CD que acompanha o livro.

Canjiquinha com costelinha

(xote)

Autores: Celia, Celma e Turcão
1ª voz: Celia
2ª voz: Celma
Baixo acústico/Violão: Turcão
Clarinete: Paulo Moraes
Bumbo: Celia
Chocalho/Bloque: Celma
Liquidificador/Triângulo: Turcão

A canjiquinha de milho com costela de porco, uma iguaria muito apreciada na cozinha mineira, é aqui descrita em um xote, esse ritmo dançante, presente de norte a sul do Brasil. O som marcante de um clarinete introduz a música, com o passo-a-passo da saborosa receita.

ontem já deixei de molho na tigela
um quarto de quilo de canjiquinha que lavei
daquela que também é conhecida por quirera
cortei em pedaços um quilo de costela
com uma colher de alho e sal socado
e cebola eu temperei
e pra esquentar numa panela o óleo eu coloquei

frito a costela, virando os pedaços
vou pingando água quente até amaciar
pronta a carne, reservo na travessa
e a água da canjica eu vou tirar

quem quiser, vem ver como fazer
se não vier também não vai comer *(bis)*

e uma panela mais funda eu pego logo
e ponho uma colher de óleo para esquentar
então, depois de quente, jogo o tempero já feito
mais um tomate picado e a canjiquinha eu afogo

faço como um arroz e cubro com água fervente
enquanto cozinha em fogo baixo e tudo corre bem
esquento o feijão cozido, preparo um angu de fubá
pra acompanhar a canjiquinha, coisa igual não há

é bom mexer de vez em quando, no fundo da panela
depois de cozida a quirera, ponho a costela, salsa e cebolinha
se ficar como um mingau, assim está ideal

e quem veio aprender como fazer
senta na mesa, é hora de comer *(bis)*

Bolinho de macarrão

(tarantela à moda)

Autores: Celia, Celma e Turcão
1ª voz: Celia
2ª voz: Celma
Baixo acústico/Violão: Turcão
Sanfona: Jayme Lessa
Coco/Pandeiro: Celma
Bombo Leguero/Bangô: Celia
Afoxé: Turcão
Palmas: Fernando, Luiza, Celia, Celma e Turcão
Coro: Cláudio Lacerda, Daniela Lasalvia, Socorro Lira, Turcão, Celia e Celma

Os imigrantes italianos colocaram na mesa dos mineiros a macarronada. Às segundas-feiras, mamãe – de ascendência italiana – fazia esse bolinho com a sobra da macarronada dos domingos. Inspiradas nessa lembrança, concebemos estes versos, no espírito de uma tarantela, no "clima" de uma verdadeira festa italiana.

na mesa do italiano
que dizem ser seguro
e na do brasileiro criativo e que não passa muito apuro
a macarronada do domingo que sobrou
quem pensava em jogar fora, ah, ah, se enganou
e em bom bolinho se transformou

para cada prato desse macarrão
você precisa de um ovo batido
e de uma colher de queijo ralado – do parmesão
salsinha picadinha você usa a seu gosto
e farinha de trigo, se for engrossar a porção

* mamãe, que tentação
este bolinho de macarrão, de macarrão *(bis)*

e assim você vai fazer
passe o macarrão na máquina de moer
junte depois o ovo, o queijo e a salsinha
misture bem e se a massa ficar molinha
é só ir polvilhando mais farinha

mamãe, que tentação
este bolinho de macarrão, de macarrão *(bis)*

em óleo quente, frite às colheradas
e lá se foi a sobra da macarronada

mamma mia, che tentazione
questo bolinho di macherone, di macherone *(bis)*

* Música incidental: *Funiculì, funiculà*, de Luigi Denza e Peppino Turco, 1880.

Beijocas e suspiros

(samba-de-breque e marcha-rancho)

Autores: Celia, Celma e Turcão
1ª voz: Celia
2ª voz: Celma
Voz do pregão: Celma
Baixo acústico/Violões: Turcão
Clarinete: Paulo Moraes
Bandolim/Flauta: Pratinha
Tambor: Celia
Pandeiro: Celma

A tradição passada de mãe para filha na cozinha é aqui retratada na historinha composta para estas duas receitas. Recordando o costume de vender doces pelas ruas das cidades do interior, a música termina com o canto de um pregão de uma vendedora de suspiros dos anos 1940.

– mãe, quero um presente especial de aniversário!
me ensina a fazer as beijocas da vovó?
– sim, filha, e com as claras vamos fazer também aquele suspiro,
gostoso como ele só!!!

chega pra cá, filha querida
vamos pôr na caçarola
este coco descascado e ralado
mais oito colheres bem cheias
de açúcar cristal ou refinado

quebro seis ovos, mas só uso as gemas
as claras, por ora, ficam de lado
vamos juntar uma colher de manteiga
e deixar tudo muito bem misturado
agora a caçarola vai pro fogo baixo

mas é preciso mexer, mexer, sem parar
até enxergar o fundo da panela
e depois despejo na pedra da pia
esperando que esfrie, pra mão não queimar

na palma da mão a gente usa manteiga
pra não grudar ao enrolar as bolinhas
a seguir passo no açúcar refinado
e então é a hora de encher as forminhas

com as claras que deixamos de lado
oito colheres de açúcar vou bater até ficar em neve
e em colheradas vão pra um tabuleiro untado
e no forno os suspiros são assados, de leve

e entre um suspiro e uma beijoca
de mãe pra filha como manda a tradição
feliz aniversário, a emoção me toca
passo essas receitas com amor no coração

"quem quiser comprar suspiro, ai
vai em casa que eu dô dado, ai
eu tenho um pé de suspiro, ai
que dá suspiro dobrado, ai"*

---

* Rossini Tavares de Lima, *Abecê do folclore* (São Paulo: Ricordi, 1972), p. 240. Pregão cantado por uma vendedora de suspiro em Botucatu (SP), nos anos 1940.

Bolo de banana-nanica

(xote)

Autores: Celia, Celma e Turcão
1ª voz: Celia
2ª voz: Celma
Baixo acústico/Violão/Viola: Turcão
Viola solo: Cláudio Lacerda
Ganzá/Coco: Celma
Bombo Leguero/Triângulo: Turcão

São bem verdadeiros estes versos. O bolo é mesmo crocante e gostoso. A música tem um arranjo dançante, tão gostoso quanto ele – o bolo –, o que leva a crer que até a "Chiquita Bacana, da Martinica, adora bolo de banana-nanica...".

quer ver como este bolo é diferente?
você não usa farinha de trigo,
você só usa farinha de rosca
e duas xícaras são o suficiente

a farinha, com duas xícaras de açúcar,
numa tigela funda você vai misturar
e despeje meia xícara de óleo
mexendo mais até tudo ligar

amasse seis bananas-nanicas graúdas
e uma colher cheia de fermento
você vai juntando aos poucos à massa
até a liga ficar cem por cento

quebre dois ovos, bata as claras em neve
e as gemas em separado,
e quando ficarem cremosas
você mistura na massa, de leve

então despeje num tabuleiro untado
e polvilhado com farinha de trigo
e preste atenção no que eu digo:
com uva-passa por cima é um pecado!

leve para assar em forno quente,
até ficar bem douradinho
depois de pronto deixe esfriar
e vá cortando em quadradinhos

passe no açúcar com canela, ah!
mas que delícia de bolo crocante
e não há quem não se encante

até a Chiquita Bacana, da Martinica,
adora bolo de banana-nanica
Chiquita Bacana lá da Martinica
adora bolo de banana-nanica

Tutu de feijão

(samba)

Autores: Celia, Celma e Turcão
1ª voz: Celia
2ª voz: Celma
Baixo acústico/Violão/Violão de sete cordas/
  Viola: Turcão
Bandolim: Pratinha
Pandeiro: Celma
Surdo/Agogô: Celia
Cuíca/Surdão: Turcão

Instrumentos da cozinha:
Panela de pressão (vapor)/Prato fundo: Turcão
Saleiro/Colheres: Celma
Ralador de queijo: Celia
Coro: Cláudio Lacerda, Daniela Lasalvia,
  Socorro Lira, Turcão, Celia e Celma

Este samba tem um acompanhamento de uma verdadeira cozinha, termo usado pelos músicos ao se referir à parte rítmica de uma música. O reco-reco é substituído pelo ralador de queijo, o saleiro faz a vez de um ganzá, a parte convexa de duas colheres são percutidas, como se usa no calango. O som do vapor de uma panela de pressão foi levado para o estúdio de gravação, para botar mais "molho" neste samba-receita.

um prato fundo de feijão cozido
você bate no liquidificador
refogue numa panela com óleo, alho, sal
e cebola batidinha,
bem batidinha, bem batidinha

depois que esfriar
você vai polvilhando a farinha
vá polvilhando a farinha
de mandioca, da branquinha,
da branquinha, da branquinha

então leve ao fogo brando
mexe, mexe sem parar
use uma colher de pau
e não deixe encaroçar

quando ficar como um angu
e estiver bem cozidinho
despeje numa travessa
e o tutu está prontinho

e para completar faça um molho de tomate
com cebola, cheiro-verde e lingüiça em rodelinhas
e espalhe tudo no tutu bem quente
e espalhe tudo no tutu bem quente

pode servir com arroz e couve refogada
e, pra ficar melhor, costelinha bem fritinha
é pra comer de uma tacada

é muito bão, esse tutu de feijão!
é danado de bão, esse tutu de feijão!
é gostoso demais, esse tutu de feijão!
é danado de bão, esse tutu de feijão!

Biscoitos pipocas

(arrasta-pé)

Autores: Celia, Celma e Turcão
1ª voz: Celia
2ª voz: Celma
Baixo acústico/Violão/Viola: Turcão
Flauta: Pratinha
Sanfona: Jayme Lessa
Tambor/Ganzá: Celia
Chocalho/Cabacinhas: Celma
Triângulo/Afoxé: Turcão
Coro: Cláudio Lacerda, Daniela Lasalvia, Socorro Lira, Celia e Celma

O ritmo escolhido para esta receita é a marcha, como as executadas por uma bandinha de circo. Bem apropriada para crianças e jovens aprenderem a cantar e se divertir, com um refrão contagiante e alegre.

uma pipoca que não é de pular
pipoca é o biscoito que eu vou te ensinar *(bis)*

você quebra cinco ovos inteiros
numa vasilha funda
e jogue dentro uma pitada de sal
e então bata só um pouquinho
ponha uma colher de álcool
e mexa bem ligeirinho
pouco a pouco misture farinha
até formar uma massa maciinha

uma pipoca que não é de pular
é o biscoito gostoso que vamos provar *(bis)*

faça biscoitinhos na pedra da pia, enrolando
com uma faca, corte a massa em toquinhos
e numa frigideira com gordura quente
vá fritando, vá fritando e não se assuste:
os biscoitos ficam rachadinhos

uma pipoca que não é de pular
é o biscoito gostoso que vamos provar *(bis)*

depois de fritos pôr numa grande panela
e jogue em cima uma calda de açúcar bem grossa
mexendo três minutos até açucarar
há quem goste de regar com suco de limão
e se você puder esperar
deixe guardado, fechado por dois dias,
e é só saborear!

uma pipoca que não é de pular
é o biscoito gostoso que vamos provar *(bis)*

Croquetes de sardinha

(vira brasileiro)

Autores: Celia, Celma e Turcão
1ª voz: Celia
2ª voz: Celma
Voz do português: Turcão
Baixo acústico/Violão/Guitarra portuguesa: Turcão
Clarineta: Paulo Moraes
Tambor 1: Turcão
Tambor 2/Chocaruga/Coquinhos: Celia
Pandeiro/Caxixi: Celma

Sardinhas... nada melhor do que a participação de um "português" nesta música. Assim, homenageamos de uma forma bem-humorada – bem ao estilo de um vira – nossos irmãos. A receita é de uma tia nossa, que também é citada no refrão da melodia.

faça um molho branco
com uma xícara de leite
duas colheres de sopa de maisena
e apague o fogo para esfriar

do croquete da tia Edil você vai gostar!

abra duas latas de sardinha *(das pequenas!)*
retire delas as espinhas pra não engasgar

do croquete da tia Edil você vai gostar!

esmigalhe as peixinhas coitadinhas
(juntando-as aí ao molho branco)
duas colheres de salsa e cebolinha picadinhas
(meia cebola e um pimentão ralados)
três colheres de farinha de rosca,
(dois tomates maduros sem pele)
tudo isso é para amassar

do croquete da tia Edil você vai gostar!

misture um ovo inteirinho
(uma pitadinha de pimenta e sal)
faça os bolinhos, passe cada um em ovo batido
em seguida, passe na farinha de rosca,
(em óleo quente é só fritar)

do croquete da tia Edil você vai gostar!

chame a priminha, a sobrinha,
a tiazinha, a avozinha e até sua sogrinha
todo mundo na cozinha
pra comer os croquetes, os croquetes de sardinha
(ora, pois).

do croquete da tia Edil você vai gostar!

Pé-de-moleque

(moda de viola)

Autoras: Celia e Celma
1ª voz: Celia
2ª voz: Celma
Viola caipira: Manu Camargo

A moda de viola é o jeito mais autêntico das duplas de violeiros caipiras expressarem suas emoções, desde o tempo dos carros de boi. Pensamos, então, em compor uma moda para a receita do pé-de-moleque, baseadas em uma história que ouvimos na infância. Os versos descrevem desde a colheita do amendoim na roça até a finalização do doce, hora deliciosa de rapar o tacho. O desfecho é comovente, como é usual nas modas de viola.

eu me lembro dessa história e me dói o coração
de um menino valente, que deixou este sertão
fazia acrobacias com seu cavalo alazão
corria por esses campos, cada palmo deste chão
criatura mais perfeita, braço forte na colheita
e também na plantação

quando a mãe pegava o tacho, ele logo aparecia
já trazendo o amendoim que na roça ele colhia
amava o pé-de-moleque que a bondosa mãe fazia
meio quilo de amendoim, debulhava com alegria
forno quente do fogão, torrava toda a porção
pra ajudar ele pedia

uma rapadura clara vinha trazendo ligeiro
na peneira o amendoim descascava por inteiro
sacudia e assoprava, sujava todo o terreiro
sua mãe achava graça – "que moleque mais faceiro!"
no tacho quente mistura um copo d'água e a rapadura
já cortada pelo meio

a rapadura derretida, dela o ponto vai tirando
na caneca já com água, pinga e vai experimentando
a pedra da pia limpa, com fubá vai polvilhando
sua mãe, atenta, avisa – "ó, o ponto está quebrando
vou tirar do fogo é a hora, ponho o amendoim agora,
bato bem pra ir clareando"

o menino rapa o tacho, come com felicidade
corta o pé-de-moleque, o cheiro bom a casa invade
no cavalo vai contente, vender doces na cidade
vê um circo afamado, fica cheio de vaidade
na arena com o alazão, faz grande apresentação
foi sucesso de verdade

como estava anoitecendo e ele não apareceu
muito aflita a mãe rezava pro seu São Judas Tadeu
foi correndo pra cidade, saber o que aconteceu
tudo estava acabado, coração estremeceu
o circo fez o destino, carregou o bom menino
nunca mais ele foi seu

o pé-de-moleque é só saudade agora
desde que ele foi-se embora, ai, ai, ai

Língua com molho
(cantiga de boi)

Autores: Celia, Celma e Turcão
1ª voz: Celia
2ª voz: Celma
Baixo acústico/Violão: Turcão
Bumbo/Agogô: Celia
Matracas/Chocalho: Celma
Tambor-de-onça: Turcão
Coro: Cláudio Lacerda, Daniela Lasalvia, Socorro Lira, Turcão, Celia e Celma

Uma manifestação folclórica ainda presente em grande parte do Brasil é o bumba-meu-boi, com diversas variantes. As cantigas que acompanham os brincantes pelas ruas serviram de referência não só para a composição desta receita, como para o arranjo percussivo, ao estilo de um boi.

"vem ver, gente, quem nunca viu*
é bonito demais as cantigas de boi do Brasil" *(bis)*

o boi perdeu a língua
essa língua a gente come
é uma gostosa iguaria
pra quem gosta e quem tem fome, ê boi! *(bis)*

a língua que o boi perdeu
quem comeu, quem comeu? *(bis)*

então lave bem a língua
não a sua, é a do boi, ê boi!

numa panela com água e bem cozida depois
em rodelas bem grossas você vai cortando a língua
não a sua, é a do boi, ê boi, ê boi!

a língua que o boi perdeu
quem comeu, quem comeu? *(bis)*

com sal e pimenta a gosto, pode temperar a língua
não a sua, é a do boi, ê boi, ê boi!

passe as rodelas de cada lado
em ovos batidos e em pão duro ralado
frite em manteiga quente, com muito cuidado
pôr em cima molho de tomate, com maisena engrossado, ê boi!

a língua que o boi perdeu
quem comeu, quem comeu? *(bis)*

* Música incidental *Cantigas de boi*, de Rubinho do Vale, 1998.

Rosca Beatriz

(chachachá)

Autores: Celia, Celma e Turcão
1ª voz: Celia
2ª voz: Celma
Baixo acústico/Violão/Piano: Turcão
Bloque/Reco-reco: Celia
Ovinhos: Celma
Timbales/Bangô/Congas: Turcão

A rosca desta receita é em forma de trança. Fizemos uma analogia com as tranças da personagem, Beatriz, uma moça de tempos idos que conquista o futuro marido pelo estômago. Em ritmo "abolerado", o arranjo completa o divertido tema de amor.

quem finalmente se casou foi a Beatriz
escapou da solidão por um triz
criou uma receita que fisgou o Luiz

moça que sonha com um marido ao lado
mesmo que não seja uma *miss*
conquista seu príncipe encantado
com a rosca Beatriz (e com final feliz!)
oh! Beatriz, oh! Beatriz

quatro xícaras de farinha de trigo
e uma de açúcar cristal,
uma colher de fermento
e uma pitada de sal,
tudo se deve misturar, ela diz
oh! Beatriz, oh! Beatriz

um ovo inteiro se põe também
e uma colher de manteiga, mais uma xícara de leite
e um pouco de farinha pra enrolar,
amassando muito bem
logo, logo o pretendente vem

dividindo em três partes iguais
cada uma formando um rolinho
do tamanho certo de três palmos
para se trançar tudo bem ajeitadinho

e como se faz nos cabelos de criança
uma ponta pra lá, outra ponta pra cá, mais uma ponta pra lá
até formar uma linda trança
oh! Beatriz, oh! Beatriz

então uma gema se usa em cima pra dourar
e o açúcar cristal para polvilhar
e a rosca é assada em forno regular
e o tabuleiro nesse caso não se deve untar

moça que sonha com um marido ao lado
mesmo que não seja uma *miss*
conquista seu príncipe encantado
com a rosca Beatriz (e com final feliz!)
oh! Beatriz, oh! Beatriz

Arroz-doce moreninho
(toada)

Autores: Celia, Celma e Turcão
1ª voz: Celia
2ª voz: Celma
Baixo acústico/Violão/Viola/Teclado: Turcão
Ganzá/Coco: Celma
Coro: Cláudio Lacerda, Daniela Lasalvia, Socorro Lira e Turcão

Os árabes inventaram o arroz-doce. Outras variações dessa receita foram aparecendo, e este moreninho tem o toque especial da mamãe. Doce como o próprio doce é esta toada, que tem clima de suspense e termina com a revelação do segredinho que torna a receita especial...

o arroz-doce da mamãe tem um segredo
que faz dele o melhor que já provei
vamos fazer esta receita passo a passo
e no final eu te conto o segredo que eu sei

numa panela despeje um copo d'água
e depois meio copo de arroz lavado
vá cozinhando, cozinhando, em fogo baixo
até a água quase secar

coloque um pouco de leite,
uma colher de manteiga
e, com açúcar refinado, adoce a seu gosto

mexe um pouco até cozinhar,
só dá certo se uma papa virar
no fogo baixo, até cozinhar,
só dá certo se uma papa virar

e agora o segredo será revelado
o doce vai ficar moreninho e especial
misture uma calda de açúcar queimado*
é a surpresa que eu guardava pro final

separe em tacinhas e polvilhe com canela
e espere pra comer enquanto gela

o arroz-doce da mamãe é mesmo especial
não coma tudo pra não passar mal, viu!

---

* Calda de açúcar queimado: Numa frigideira, coloque 2 colheres de sopa cheias de açúcar. Mexa. Assim que ficar moreninho, ponha ½ copo de água. Vá mexendo em fogo baixo até derreter.

Vaca atolada

(calango mineiro)

Autores: Celia, Celma e Turcão
1ª voz: Celia
2ª voz: Celma
Baixo acústico/Violão/Viola: Turcão
Flautas: Pratinha
Sanfona: Turcão
Bumbo/Tambor: Celia
Pandeiro/Colheres/Matraca: Celma
Campainha de vaca/Matraca 2: Turcão
Coro: Cláudio Lacerda, Daniela Lasalvia,
   Socorro Lira, Turcão, Celia e Celma

O calango é um desafio cantado e também uma dança popular. Era comum de se ver nos terreiros das casas da zona rural em Minas Gerais quando havia festas. A receita é passada da seguinte maneira: cada convidado que chega traz um ingrediente, e a festa termina com todos saboreando a vaca atolada, cantando e dançando. Os versos finais, de domínio público, são os mais conhecidos de um calango.

aceitamos o convite pra ir na casa do Valdemar
comer uma vaca atolada e fomos as primeiras a chegar
a Estela, dona da casa, pôs a panela no fogo
e três colheres de óleo pra esquentar...
e daí a pouco veio todo mundo pra ajudar

chegou o Zé com um quilo de costela,
já cortada e temperada com pimenta, alho e sal
põe na panela e doura a carne, a Rosinha
vai fritando ali juntim uma cebola picadinha

mexe um pouquim e pinga um dedo de vinagre
e coloca já picados três tomates madurim
daí a pouco cobre a carne com água quente
e ela vai amaciando, cozinhando de mansinho

é assim que atola a vaca no fogão
e a Estela, enquanto isso, bota água no feijão *(bis)*

vem a Bastiana com um quilo de mandioca
descascada e picada, na panela vai jogando
põe água quente e um pouquim de cheiro-verde
e o Zé enquanto isso o violão vai ponteando

o sanfoneiro vem tocando lá de fora
a vaca já tá atolada, ele chega bem na hora, oi
e o Valdemar, dono da casa, no pandeiro
chamando com a boca cheia: *todo mundo pro terreiro*

êta vaca mais gostosa, acabou numa enfiada
todo mundo calangando, fomos até de madrugada *(bis)*

"calango tango do calango da lacraia
a mulhé do Zé Mané foi dançá perdeu a saia
calango tango do calango da lacraia
macaco vai na roça, come o mio, deixa a paia"* *(bis)*

_____
*   Versos de domínio público.

Broinhas de abóbora madura

(toada-cateretê)

Autores: Celia, Celma e Turcão
1ª voz: Celia
2ª voz: Celma
Baixo acústico/Violão/Viola: Turcão
Tambor/Ganzá: Celia
Chocalho/Cabacinhas: Celma
Afoxé/Caxixi/Maraca: Turcão

Dona Jupira, de uma tradicional família de Ubá, foi – como a maioria das moças de seu tempo – uma boa quituteira. As sobrinhas dela nos passaram esta receita, e logo achamos um jeito de versejá-la. O ritmo, uma toada-cateretê, buscamos nas obras de cunho interiorano de compositores mineiros como Ari Barroso e Ataulfo Alves, e, com nosso parceiro, desenvolvemos a melodia.

foi dona Jupira Aroeira
quem passou esta receita
uma boa quituteira
nascida em terra mineira *(bis)*

descasque uma abóbora de tamanho médio
enchendo três xícaras dos pedaços picados
é bom cozinhar em pouca água
escorra bem e deixe tudo amassado, uai, uai

assim que esfriar ponha três xícaras
de farinha de trigo integral
noutra panela deixa pra ferver meio copo de água
juntando seis colheres de sopa de óleo
meia colherinha de sal
e de canela, uma outra igual, uai, uai

quando ferver jogue a mistura da farinha
mexendo sempre até formar uma bolinha
depois de frio, volte a amassar
com seis colheres de mel pra adoçar, uai, uai

faça as broinhas achatadas
e vá colocando uma a uma
em tabuleiro untado
para assar em forno quente

não existem broinhas mais gostosas
broinhas de abóbora madura
mas que gostosura! uai, uai *(bis)*

Bolinho de chuva
(guarânia)

Autores: Celia, Celma e Turcão
1ª voz: Celia
2ª voz: Celma
Baixo acústico/Violão: Turcão
Sanfona: Jayme Lessa
Patitas/Ovo: Celma
Bumbo/Pau-de-chuva: Celia
Coro: Cláudio Lacerda, Daniela Lasalvia e Socorro Lira

Esta tradicional receita é o ingrediente perfeito para o enredo de uma história de amor, que se desenrola sob a forma de uma romântica guarânia. Fala de um encontro à tarde, ao som de uma fina chuva caindo, e os namorados apreciando os bolinhos feitos para o momento tão doce.

era uma tarde e o amor nascia como na novela
e o bolinho de chuva pra celebrar
o namorado e ela

numa tigela, vão três colheres de açúcar fino
que vão servir para misturar com um ovo quebrado
a chuva tá caindo é uma boa hora de comer bolinho
ela e o namorado

dentro da tigela seis colheres de farinha se peneira
e uma de fermento que assim não vai encaroçar
é só mexer e despejar aos poucos leite na massa
até o ponto certo que é o ponto de pingar

a massa grossa então é colocada às colheradas
em bastante óleo quente e se transforma em bolinhos
retirar do fogo quando ficarem moreninhos
passar no açúcar com canela
pro namorado e ela

um cafezinho quente, esse bolinho delicado
numa tarde de amor é bom
ela e o namorado

bolinho de chuva ao som de uma canção singela
numa tarde de amor é bom
o namorado e ela...

177

Frango com quiabo
(valseado caipira)

Autores: Celia, Celma e Turcão
1ª voz: Celia
2ª voz: Celma
Baixo acústico/Violão/Viola: Turcão
Tuba: Turcão
Flautas: Pratinha
Tambor/Bloque: Celia
Ganzá: Celma
Afoxé: Turcão

Esta é uma clara referência às duplas caipiras de humor, tais como Jararaca e Ratinho, e Alvarenga e Ranchinho, que fizeram enorme sucesso por todo o Brasil, cantando suas divertidas e irreverentes modas. Inspiradas por suas músicas, compusemos em "caipirês" os versos deste prato, muito degustado pelos mineiros e por todos os que apreciam a culinária de Minas.

na minha casa tem um franguinho...

este frango com quiabo, foi um minero quem criô
passô pra frente, ensinô
tanta gente já cunhece
e só num gosta quem ainda num provô

ocê pega o frango intero
corta em pedaço bem grandinho, limpa bem, lava e tempera
com alho, sar e o que mais queira
deixa dormi, bem tampadim na geladeira

por vorta de trinta quiabo
raspa a casca co'a faquinha
e despois de bem lavado, seca num pano limpim
e corta tudo, corta tudo em rodelinha

ocê pega duas panela, e na maior com muito óleo
frita a cebola picadinha
e vai dorando todo o franguinho
tira quase toda a gurdura, pingando aos pouco água quente
assim a carne do bichim num piriga de ficá dura

na otra panela enquanto isso
põe pra fritá o quiabo em óleo quente
até cê vê que num tem nenhuma baba,
mexendo bem pouquim

põe pra escorrê no papér, misture no frango
cuzinhando os dois juntinho,
mais cinco minuto, só mais cinco minutinho

inhantes de apagá o fogo,
num isquece da sarsinha e cebolinha *(bis)*

é bom servir com arroz, angu e feijão
que é do jeitinho que se come este prato lá no sertão

na minha casa tinha um franguinho
na minha casa tinha um franguinho
o franguinho có, o franguinho có, o franguinho có, o franguinho cóóóó!!!!!!

Fontes de consulta

ARAÚJO, Alceu Maynard. *Medicina rústica*. 3ª ed. São Paulo: Nacional, 1979.

CABRAL, Alfredo do Vale. *Achegas ao estudo do folclore brasileiro*. Rio de Janeiro: MEC/Funarte, 1978.

CASCUDO, Luís da Câmara. *Antologia do folclore brasileiro*. 4ª ed. São Paulo: Martins, 1971.

_____. *Dicionário do folclore brasileiro*. 3ª ed. Rio de Janeiro: Ediouro, 1972.

FRADE, Cascia (org.). *Guia do folclore fluminense*. Rio de Janeiro: Presença/Secretaria de Estado de Ciência e Cultura, 1985.

HORTA, Carlos Felipe de Melo M. *O grande livro do folclore*. Belo Horizonte: Leitura, 2000.

MARTINS, Saul. *Folclore em Minas Gerais*. Belo Horizonte: UFMG, 1991.

PANIAGO, Maria do Carmo T. *Viçosa: tradições e folclore*. Viçosa: Universidade Federal de Viçosa, 1977.

PIRES, Cornélio. *Conversas ao pé do fogo*. Itu: Ottoni, 2002.

ROMERO, Sílvio. *Cantos populares do Brasil*. Rio de Janeiro: José Olympio, 1954.

SANT'ANNA, José (org.). *Anuário do festival de folclore*. Olímpia: Departamento de Folclore, 1996.